公立大学の
過去・現在
そして未来

持続可能な将来への展望

田村 秀 *Shigeru Tamura*

玉川大学出版部

はじめに

　大学に関しては教育学の研究者を中心に数多くの先行研究がある。また、大学をテーマとした著書も相当数に上る。大学進学率が50%を超えるなど、大学が特別な存在というよりも、より多くの人にとって身近な存在となる中で[1]、そのあり方についても様々な意見がマスメディアのみならず、SNS上でも日々飛び交っている。

　大学はどうあるべきか、あるいは大学が果たす使命はそもそも何であるのか、といった問いかけに答えることは容易ではない。筆者のような、大学の外から大学の教員になった、いわば「外様」の人間にとって、大学という組織はある意味異質なものと感じられるのが常だろう。そんな中で、大学全体がどうあるべきか、というよりも、一教員として教育、研究、社会貢献、そして学内行政の分野にどのようにしてかかわっていくべきかについて暗中模索し続けた20年間だった。

　2001（平成13）年に、今では世間の批判を浴びることのほうがはるかに多い霞が関というムラ社会から、当時はまだ文部科学省の内部組織だった国立大学のひとつである新潟大学[2]に移り、比較的自由な時間を過ごしていた。そんな中、東日本大震災の直後に法学部の副学部長のポストを拝命したのが、大学運営と直接的なかかわりをもつ第1歩だった。

　大学の教育研究に関する重要事項を審議する教育研究評議会の一員として月に1、2回、全学の会議に参加する中で、大学とはどのような組織で、どのような方針を掲げているのか、文部科学省との関係はどのようになっているのか、大学としてどのような課題を抱えているのかなどについてつぶさに知る機会を得て、はじめて、自分なりに大学、それも国立大学というのはどのようなところなのか、を少しだけ理解することができた。

　もちろん、個々の大学によって、事情はそれぞれ違うと思う。しかし、大学の組織が国や地方自治体の組織といかに異なっていることがわかった。そ

してある部分では他の公共セクター以上に旧態依然としている側面が少なからずあることを感じたのも新鮮な驚きだった。

新潟大学では副学部長、学部長と4年間にわたり評議員として議論に参加する中で、大学を巡る様々な変革、特に法科大学院の廃止やいわゆる教育学部のゼロ免課程の廃止などの議論に直接あるいは間接的な当事者としてかかわり、時代の流れとして世間一般に認知されていることと、大学人が考えていることとのギャップが決して小さくないことを痛感することがしばしばだった。

誤解を恐れずにいえば、大学、特に学部は動物園のようなものと日々感じていた。ゾウやキリンといった比較的穏やかな気質の人気者もいれば、ライオンやトラといった獰猛で危険な動物もあちこちに潜んでいて、ナマケモノも少なからずいる。中にはパンダもいるが、それはまさに客寄せパンダと化している。40歳近くになって大学人となった時に、こんな世界がこの世の中にはあるのだ、いい意味でも悪い意味でも、浮世離れしているのが大学なのだというのが率直な感想だった。もちろん、この印象は主として国立大学が法人化する前のものであり、法人化後はもっと世知辛く、また、殺伐とした状況になっていったのではあるが。

2018（平成30）年から公立大学の教員に転じ、一時期、大学の運営にも関わる中で、改めて大学とはどうあるべきか、大学にはどのような使命があり、また、地域社会とどのようなかかわりをもつべきか、自問自答することが続いたのだった。

そんな中で、公立大学はなぜ存在し、これまでどのような役割を果たし、現在どのような課題を抱え、さらには今後どうあるべきなのか、を強く考えるようになったのである。

もともと、地方自治制度を所管する自治省（現在の総務省）に勤務し、地方自治体への出向経験がある身としては、公立大学は決して遠い存在ではなかったにもかかわらず、勤務するまであまり眼中になかったのは事実である。そして、そのような自分自身の意識が低かったことを恥じるとともに、公立大学とはどのようなものか、そして、国立大学や私立大学とどのように異なった存在意義を持ち、また、どうあるべきなのか、という問いかけが公立大学

教員として勤務する中で日々頭をよぎるようになっていったのが、本書を書くきっかけであった。

　公立大学に関する総括的な研究は、本文でも記すように少なく、それも基本的には教育行政学の専門家によるものがほとんどである。地方自治や公共政策の分野でも、個別の公立大学の設立経緯や個別の公立大学の役割などに関する研究[3]、あるいは公設民営方式などによって設立された私立大学の公立化などに関するものは散見されるが、全般的な公立大学の研究は調べた限りはほとんどみつからなかった[4]。これも本書を執筆することとなったもう一つのきっかけである。

　本書は、まず、第1章で公立大学とはどのような存在なのかについて、公立が意味するものや位置づけ、量的な状況に関して小中学校や高等学校、図書館、病院といった他の公立機関との比較を行うとともに、主として教育学の研究者が公立大学をどのようにとらえ、どのような観点から研究を行ってきたかについて、先駆的な著作の内容を概観することで明らかにした。

　第2章では、公立大学の歴史について、我が国における大学の誕生から公立大学の誕生、国立大学に関する幻の地方移管、戦後の国立移管の状況、短期大学から公立大学への昇格、公立大学の開設が抑制された契機や1990年代以降の新設ラッシュの状況を論じる。

　第3章は公立大学の実像を様々な角度からデータで明らかにしている。公立大学の数や設置者、設置時期、規模、地区ごとの推移、学部の状況、学科ごとの学生数、大学の種類ごとの予算などについて学生数との関係などについて分析し、地方交付税の基準財政需要額との関係についても、最新データによって、そのリアルな姿を明らかにする。

　第4章では、公立大学の学生像を明らかにしている。学生の出身地や所在都道府県ごとに同一都道府県出身者がどの程度在籍しているかなど、公立大学にどのような学生が進学しているのかを様々なデータを用いて分析している。

　また、大学生の家庭の経済状況に関して、文部科学省と独立行政法人日本学生支援機構が長年実施してきた「学生生活調査」の結果について半世紀以上にわたって国立、私立との比較を行い、公立大学の学生の特徴、すなわち、今日では国立大学に代わって比較的所得の多くない家庭にとって経済的な負

担などの面から重要な進学先となっている実態を明らかにしている。このほか、公立大学の授業料と入学料の域内出身と域外出身における学生間格差を示し、さらには学部間の同一授業料の是非についても考察を行っている。

第5章では、公立大学が国策に翻弄された側面に関して、戦前、戦後の教育改革の歴史などに即して論じている。第2章で触れた歴史的変遷を深堀し、地方自治制度の動きと地方財政の状況によって公立大学が大いに翻弄されたことをまず明らかにするとともに、国立移管の本音や大学を巡る環境の変化、日米貿易摩擦を契機とするアメリカの「大学」の進出と撤退、高齢化社会への突入とともに相次いで看護系公立大学が新設されていった状況に言及している。ここでは、公立大学を巡る文部科学省や総務省などといった様々なアクターが果たした役割について触れることを通じて、公立大学という存在が国策とは無関係ではなかったことを明らかにする。

第6章では、公立大学と地方自治体の関係について、確執ともいうべき出来事をいくつか紹介する。高崎経済大学などで起きた「事件」とその背景を取り上げるとともに、東京都立大学の「解体」「再編」、大阪府立大学と大阪市立大学の統合などを概観し、さらには公設民営大学の公立化とその効果、最近の動きを論じることを通じて、公立大学が設置自治体と様々な確執を抱えつつ存在することを明らかにする。

終章では、18歳人口の推移を踏まえ、大学の行く末を考察したうえで公立大学そのものの行く末について、幾つかのシナリオを描き、これらに対する評価と今後の公立大学の進むべき道について、私見を提示したうえでまとめとしている。

注

1) 市川昭午編『大学大衆化の構造』玉川大学出版部、1995年、2頁では、「わが国では大学生の八割近くを収容する私立大学が大学大衆化の中心的役割を果たしてきた」としている。
2) 新潟大学は、千葉大学、金沢大学、岡山大学、長崎大学、熊本大学とともに旧六(医大)と呼ばれている。これらは大学令(1918〔大正7〕年制定)によって大学に昇格した医科大学を前身としている。大学に移った当初、教職員がしきり

に「キューロク」と呼んでいるので、てっきり 96 のことと勘違いし、これは国立大学の数ではないかと当初は思っていたものの、実際には異なることから、どのような意味なのか真剣に調べたことが思い起こされる。このような業界用語は大学に限ったものではないが、他の組織以上に分かりにくいものが多いのではないかと考えている。

3) たとえば、高崎経済大学附属産業研究所編『地方公立大学の未来』日本経済評論社、2010 年は、高崎経済大学での実践などを踏まえ、地方における公立大学の将来像を多角的に論じている。

4) 公立大学の設置を、地方自治体が何を拠り所に、どのように決断したのかについて、政策の窓モデルを用いて平成期の状況を実証的に分析したものとして、中田晃『可能性としての公立大学政策―なぜ平成期に公立大学は急増したのか』特定非営利活動法人　学校経理研究会、2020 年がある。おそらく、公共政策の分野でこれほど詳細に公立大学について研究した業績は他にはないと思われる。その意味では、本研究と重なるところも少なくなく、本書でも中田の研究は各所で参考にしている。

目　　次

第1章　公立大学とは

1　公立が意味するもの

　公立大学とはなにか、その位置づけや本質、さらには実態を明らかにする前に、まずは公立という言葉が意味するところを確認するため、公立の様々な施設はどのようなものがあって、どのような位置づけになっているかについて若干の言及を行う。

　公立という言葉は、都道府県や市区町村など[1)]の地方自治体[2)]が設立し運営する施設のことを指す。また、国立や私立とは明確に区別されて用いられる。つまり、公立の施設は地方自治体が設立するもので、同種の施設で国が設立する場合は国立と称され、また、民間が設立する場合は私立の施設と称される。

　公立の施設は我々の日常生活に馴染みがあるものが多い。それは地方自治体が住民に身近な公共サービスの担い手であることと無関係ではない。ここでは、その中でも特に多くの住民にとって身近な存在である公立学校、公立図書館及び公立病院の現状を概観する。

　公立大学も公立学校の一形態であるが、ここでは、小学校、中学校、高等学校の設置形態を取り上げる。義務教育である小学校、中学校の大多数は公立、すなわち地方自治体の管轄であり、それもほとんどの場合、基礎自治体とも称される市区町村によって設置、運営されている。「学校基本調査」[3)]によれば、2020（令和2）年の小学校数[4)]は1万9,525校、このうちの98.4%を占める1万9,217校が公立で、私立が240校、国立が68校となっている。小学校に関しては公立≫私立＞国立という状況である。

　中学校[5]については、総数が1万0,142校で、その91.6%を占める9,291校が公立となっている。公立の中では小学校と同様に市区町村立が圧倒的に多いものの、中高一貫の中等教育学校の多くでは、都道府県が中学校教育に関わっている。また、私立が782校、国立が69校となっている。小学校同様、公立≫私立＞国立の傾向は変わらないが、私立のウエイトが少し大きくなっている。

　高等学校については、総数が4,874校で、そのうち、72.6%に相当する3,537校が公立となっている。また、私立が1,322校、国立が15校と私立のウエイトが4分の1を超える点が小中学校と異なっている。また、公立の中では、小中学校とは異なり、都道府県立が大多数を占めるようになる。いずれにしても、公立≫私立＞国立となっている。

　公立の小中学校と同様の傾向を示しているのが公立図書館である。日本図書館協会の調べによれば、2020（令和2）年4月1日時点では、3,316の公共図書館のうち、私立は19、残りの3,297は公立とされている[6]。また、その大部分は市区町村立である。このほか国立国会図書館が1館[7]となっている。ここでも公立≫私立＞国立である。

　学校同様、地域社会を維持するために欠かすことのできない存在が病院だ。医療法人等、国や地方自治体が直接の設置主体以外のものを便宜上私立と位置付けると、病院に関しては教育施設とは異なりその大部分が私立となる。厚生労働省の医療施設動態調査[8]によれば、2020（令和2）年12月末の概数では、病院は8,237ある。このうち、国立病院や国立大学病院などの国立が321、都道府県、市町村及び地方独立行政法人が開設した公立病院は918、残りの6,998は医療法人、社会福祉法人、私立学校法人などによって設置された私立となる。ここでは、私立≫公立＞国立となっている。

　このように、公共性の高い施設に関しては、多くの場合、施設数という供給量を物差しとすれば、公立≫私立＞国立となる。これは、スポーツ施設や文化施設などにも一般的に当てはまる傾向である。一方、病院のように私立≫公立＞国立となるものは他には幼稚園、保育所などがある。これはそれぞれの施設の成り立ちなど歴史的な経緯といったものも少なからず影響していると考えられる。

　いずれにしても、公共サービスを提供する施設に関して、公立の果たす役

割は質、量ともに大きなものがある。特に教育分野では、大学を除けば公立が最も重要なサービスの提供主体となっていることが顕著となっている。この点は日本のみならず世界的な趨勢でもある。

2　公立大学の位置づけ

　公立大学とは地方自治体によって設置されている大学、と社会的に広く認識されていると思われる。それは、公立という言葉が、公立高、公立中、公立小などの形で用いられていることから、地元の都道府県や市区町村が設置主体であることを指すとほとんどの住民は知っているからである。

　公立大学協会は、公立大学等の存在意義について、各地方地域社会の要望に応え、その特殊性を生かした高等専門教育機関として大学、短期大学を設置し、併せて地方文化の振興に寄与すべく設置されたものである[9]と1964（昭和39）年4月に「公立大学の存在と、大学急増対策に対する見解について」で示している。

　それでは、法律では公立大学をどのように位置づけているのだろうか。学校教育法では、第1条で大学や高等学校など学校の種類を定め、第2条では学校を設置することができるのは国、地方自治体、学校法人の3者だけと定めている。また、同条第2項で、地方自治体の設置する学校を公立学校としている。つまり、学校は国立、公立、私立（学校法人立）の3種類しか認められていないということになる。一方、小泉政権が創設した構造改革特区制度を利用して株式会社が設置する学校も2004（平成16）年以降誕生したが、私学助成が受けられないことなどから、全国的な広がりを見せることはなく、現在は通信制高校などごく一部にとどまっている。

　公立大学については、2003（平成15）年までは地方自治体が自ら設置する、いわゆる直営の形態だけだった。すなわち、地方自治体の内部組織でそれまでの国立大学同様、自らは法人格を持たない存在だった。

　2003（平成15）年に地方独立行政法人制度が発足し、新たに公立大学法人の制度が作られたことによって、国立大学法人同様、地方自治体から切り離

された公立大学法人が地方自治体に代わって公立大学の設置主体となることが可能となり、法人の形態で運営を行うものが増えてきた。

　これは民間企業などで広く行われてきたアウトソーシングを公共部門に適用したものであり、目標を達成した場合にご褒美（報奨金など）を提供するといった、いわゆるインセンティブ構造の下に置く試みとされている[10]。

3　研究者からみた公立大学

　大学については、多くの研究者にとっては自ら所属していることもあって最も強い関心を持っている組織の一つであると考えられる。特に、大学という組織やその運営に関しては、教育行政学や教育史などを専門とする教育学の研究者によって様々な研究が積み重ねられてきている。また、大学の自治に関しては、教育学はもちろんのこと、憲法学などの多くの研究者によってこれまで多面的に論じられている。

　その一方で、公立大学全般についての研究は、教育学の研究者においても国立や私立に比べて最も研究蓄積の少ないものとされている[11]。

　この点について、教育学者の羽田貴史は、『日本教育行政学会年報』の書評の中で以下のように公立大学研究の難しさを述べている[12]。

　　公立大学の研究が難しい理由の一つは、その多様性と資料的困難さにある。国立大学は法人化されても、国の諸規律のもとにおかれ、各機関の歴史的特質を把握して国立大学総体を論じることが可能である。私立大学は確かに多様ではあるが、学校法人制度と学校法人会計のもとにおかれ、学生納付金・補助金・事業収入などによる財政構造は、同一のものであり、法人として経営体が独立しているので、機関レベルの活動が把握でき、比較同定が可能である。

　　しかし、公立大学は、学生納付金と自治体の負担とから財政が成り立つとはいえ、地方交付税に公立大学経費が積算されているため、自治体からの支出を完全に把握するのも難しい。また、政策形成は、国立大学

が文部科学省、私立大学が学校法人及び文部科学省と相手方が特定されており、共通項もあるが、公立大学の場合は、設置者としての自治体が多様であり、市立大学の場合は、上級自治体[13]として都道府県との関係もある。また、中央省庁では文部科学省、自治省[14]の規制・指導があり、極めて複雑である。

　羽田が指摘するように、設置者の多様性は公立大学法人化によってさらに増している。このことについて、佐藤龍子は、公立大学・公立大学法人は難解であるとして、高等教育政策や支援行政の存在など、その枠組みや仕組みがわかりにくいこと、運営経費の流れの不明瞭さ、いわゆる公設民営大学の多くがこの数年、私立大学（学校法人）から公立大学法人になっていることの3点を挙げている[15]。私立大学の公立化に関しては、教育学者や他の私立大学関係者などから税金の使い道の妥当性を疑問視する声や私立大学の経営を圧迫しかねないとの批判も少なくない。
　また、公立大学を設置する際には、首長の判断もさることながら、議会の議決も不可欠であり、地方政治の多様な側面も無視することはできない。いずれにしても、国立や私立に比べても研究者の視点からはわかりにくい存在であるのが公立大学なのだ。

4　『公立大学─その現状と展望』が投げかけたもの

　公立大学の現状と問題点について、我が国で最初に総合的にまとめられたのが内田穣吉・佐野豊共編『公立大学─その現状と展望』（日本評論社、1983年）である。この本は1983（昭和58）年に刊行されたもので、当時の公立大学の現役学長や学長OBによって書かれている。刊行のきっかけは日本学術会議が1981年から始まる第12期に公立大学問題をはじめて公式に取り上げたことにある。
　当時、公立大学は私立大学と比べて国からの財政的な支援は乏しく、地方財政もまた厳しい状況の中にあった。同書では大学運営に苦心する全国の公

立大学学長の切実な思いが随所に語られている。

　ここでは、同書の象徴的な記述から、当時の公立大学が置かれていた状況や公立大学の学長らが国や地方自治体の対応をどのように見ていたかなどが読み取れる部分を抜粋し[16]、公立大学とはどのような存在であり、どのように当事者に認識されていたかを理解する一助としたい。

　同書でもっとも公立大学の立ち位置を明確に示していると思われるのが、以下の文章である。

　　　　公立大学（特に4年制大学）は国立大学と私立大学との谷間にあって陽があたらず小ぢんまりと存在しているような印象でもあり、国公立大学として一括されて国立のかげにかくれるようでもある[17]。

　国立大学と私立大学との谷間にある存在であり、国立大学の陰に隠れた目立たない存在[18]として、教員自体も「国立に準ずる」[19]存在としての意識が強かったことが読み取れる。あるいは国立大学の補完的役割[20]を担ってきたとの指摘もある。そしてこの点は今日においても社会の側も、そして教員の側も無意識のうちに少なからず肯定しているのではないだろうか[21]。

　もちろん、この点は同書でも、旧帝大と伝統のある巨大私学との谷間にあるという印象を与えるのは公立大学の数や教職員数、学生数が圧倒的に少ないということも一因として挙げられている[22]。しかしながら、大学の数そのものでは国立大学を凌ぎ、学生数でも大学生の20人に1人は公立大学生となった現在では、少なくとも谷間というネガティブなレッテルはそろそろ剥がすべき時にきているのではないだろうか。

　一方同書では、国立大学に準ずる面だけでなく、むしろ国や当時の文部省との関係ではむしろ私立大学に近い側面があるとしている。確かに、設置者が国ではないことから圧力団体として様々な要求を行う主体とはなり得たが、同書でも再三指摘しているように、当時の公立大学協会は私立大学の組織に比べると政治力は皆無に等しく、また、公立大学同士のまとまりも欠けていたため、国に対して助成金の拡充を求める活動もあまり功を奏していたとはいいがたい状況にあった。

　いずれにしても、当時の厳しい地方財政の状況を反映してか、同書には公立大学の教育・研究水準を維持するために、地方交付税という一般財源による財政措置よりも、公立大学への国の助成が経常費補助の形で行われる必要性[23]が強調されている。

　確かに、所要額が地方交付税の基準財政需要額へ算入されていると説明を受けても、配分された地方交付税のどの部分が公立大学に関する経費かという明示もないだけに、財政担当者はともかく、一般の者からすれば分かりにくくなっている。この点に関しては、教育学の研究者の多くからも同様の主張がなされている。

　地方交付税とは、所得税、法人税、酒税、消費税の一定割合及び地方法人税の全額からなり、地方自治体間の財源の不均衡を調整し、どの地域に住む国民にも一定の行政サービスを提供できるよう財源を保障するためのもので、地方の固有財源である。

　制度が精緻なこともあって、補助金などに比べると確かに理解しずらい側面は否めないが、これによって、教育をはじめ、様々な公共サービスが全国いたるところにくまなく提供できているという意味では、世界的に見ても優れた財政調整制度ではある。なお、公立大学について財政的な側面からの分析については、第 3 章で改めて行う。

　これに対して、設置者である首長に対しては直接的には必ずしも批判的な声は多くない。この点については、1970 年代後半まで、京都府、東京都、大阪府、神奈川県、横浜市などの公立大学の設置自治体で相次いで革新首長が誕生し、また、その中の少なからずが大学教授経験者[24]だったということもあってか、公立大学とは比較的良好な関係にあったからではないかとも推察される。

　しかしながら、革新首長であっても、地味な公立大学充実の問題にまで力及ばないうちに、オイル・ショック以降の後退期に入った[25]と評されているように、公立大学の課題にまでは必ずしも十分に対応できなかったことが記されている。

　この他、公立大学の使命について、大きく 2 点、すなわち、地域にひらかれた大学と世界にひらかれた大学であるとしている[26]。特に後者に関しては、

大学一般の本来の使命は人類的視点からの真理の追究であるとして、公立大学においても、その重要性を説いている。

そして、同書の多くの著者が上記の2点をともに重要と指摘しつつも、前者に関しては、地域に教育・研究の成果を直接還元するメリットが希薄になってきたことは、否めない[27]と本音では思っていたのではないだろうか。また、地域住民の優先入学が強調されることについても極力抑制的であるとの論調が強い。この点については第4章以降で改めて論じることとする。

このように、同書が刊行された1980年代前半には、

・公立大学は国立大学と私立大学の谷間にある日陰の存在
・国公立とひとくくりにされ、国立大学に準ずる存在
・国立大学に比べて教育・研究環境が貧弱な存在（主に財政面）
・私立大学に比べて国への圧力団体としての機能が圧倒的に弱い存在
・大学の自治と地方自治の2つの自治の板挟みとなった存在

といった認識が多くの公立大学学長に共有されていたといえるだろう。

ただ、ここで留意すべきは、同書が刊行された1983（昭和58）年時点の公立大学は34校、その大部分は歴史と伝統を持つ、それも比較的規模の大きな大学で占められていたということである。その後、多数の公立大学が誕生した一方で、この34大学は統合によって31校に減少し、現在の公立大学総数の3分の1弱に過ぎない。

1990年代以降は、これまでと全く異なるタイプの個性的な公立大学も増えてきた。少なくとも日陰の存在であるとか、国立大学に準ずる存在であると卑下し続ける必要はもはやないのではなかろうか。

5 『公立大学に関する研究―地域社会志向とユニバーサリズム』が明らかにしたもの

我が国の本格的な公立大学研究の先駆けとされているのが村田鈴子編著『公

立大学に関する研究―地域社会志向とユニバーサリズム』（多賀出版、1994
年）[28]である。この本は 1994（平成 6）年に科学研究費補助金の研究成果をも
とに刊行されたものである。

　わが国の大学教育機関のなかでも、公立大学は国立大学と私立大学の谷間
にあるという印象を、社会的にも大学人集団のなかにも植えつけているから
か、第二義的な存在と考えられがちであり、公立大学について論じられてい
る先行研究が少ない[29]と村田が指摘しているように、四半世紀以上前から公
立大学研究はニッチな存在なのであると、教育学者から認識されていたので
ある。村田の研究については、「歴史にとどまらず、多角的な観点からの公立
大学に関する総合的研究書」[30]や「公立大学について最も総合的に捉えた研
究」[31]と教育学者から評価されている。

　同書では、公立大学の諸問題を地域社会志向とユニバーサルな両者の視点[32]
から考察することを主眼としており、まず、公立大学の歴史的発展について、
戦前と戦後に分けて記すとともに、公立大学の性格と役割について、学長と
事務局長を対象としたアンケート調査の結果などを用いて生涯学習の観点か
ら公立大学の果たす役割について考察を行っている。

　次に、公立大学に対する地方自治体の公的関与のあり方と学長・事務局長
の管理運営に関する方向性について、設置条例の構造やアンケート調査など
から分析を行っている。

　また、編者が当時群馬県立女子大学の教員だったことなども踏まえ、公立
女子大学の学生文化についてアンケート調査の結果などから分析を行い、公
立女子大学において地域志向と一定の職業観、大学観が結びついていること
を明らかにしている。

　さらに、公立大学と地域社会との関係について、当該地域出身者の入学者
全体に占める割合と推薦入試制度の実態からローカリズムとユニバーサリズ
ムの葛藤を明らかにするとともに、財政上の諸問題に関しても考察を加えて
いる。

　このほか、アメリカの公立大学と地域社会との関係についても触れつつ、最
後に公立大学の課題として社会人学生受け入れの拡大と大学の国際化の必要
性を挙げ、村田は以下のように述べている[33]。

　大学設置基準の改定に伴い大学教育の改革がなされている時、大学の本来の使命である学術研究の質的充実と優れた人材の養成の機能を十分に発揮していくことが期待されていることはいうまでもない。これは国・公・私立いずれの大学においてもユニバーサルな使命である。そのなかで公立大学は多様化・高度化する地域の要請に応えることを含めて、ローカル性を発揮しつつ発展していかなければならない。

（中略）

　歴史は異なっても、公立大学はいずれも各自治体や地域の切実な要望によって生まれたという、公立大学設置に至る経過を大切に、その発展に思いを致すべきであると考える。そうすれば、第二義的な存在として、国立・私立大学の谷間に公立大学が見られることは、問いなおされていくのではないだろうか。このことは、公立大学の存立構造と問題の構造を示唆しているからである。

　村田が指摘するように、第二義的な存在[34]として公立大学をみることは社会としても、大学教員としても改めなければいけないのである。

6　『20世紀日本の公立大学—地域はなぜ大学を必要とするか』が問いかけたもの

　『20世紀日本の公立大学—地域はなぜ大学を必要とするか』は、公立大学について教育学の観点から様々な研究を行っている横浜市立大学の高橋寛人教授によって2009（平成21）年に日本図書センターから刊行されたものである。20世紀日本の公立大学とその前身の旧制公立専門学校の設立経緯および公立大学の国立移管の事情を、すべての公立大学について個別に明らかにし、それをもとに日本の公立大学の全体的な通史を描き、さらに公立大学の特性を明らかにする[35]ことを目的として書かれたものである。

　同書の問いかけは、「公立大学はなぜつくられたのか？」であり、また、「地域はなぜ大学を必要とするか？」であり、本書のテーマと重なる点が少なか

らずある。研究の方法として、各公立大学史や各自治体史などを詳細に調査
するとともに、先行研究や公立大学に関連する資料を網羅的に扱い、公立大
学の歴史について[36]設立事情を中心に検討することによって、公立大学の今
後のあり方を考える際の示唆を得ようとする[37]意欲的なものである。

　公立大学の歴史に関する本書の第 2 章以降における記述の少なからぬ部分
は同書の研究成果を参考としたものである。ここでは同書の章立てを示すこ
とでその内容の一端を明らかにする。

　　序　章
　　第 1 章　戦前・戦時下の公立大学・専門学校
　　第 2 章　戦後改革期の公立大学
　　第 3 章　高度成長期における公立大学の国立移管
　　第 4 章　政令市以外の市立大学に見る公立大学の脆弱性
　　第 5 章　大学大衆化以降 18 歳人口急増期までにおける大学立地政策と公
　　　　　　立大学
　　第 6 章　18 歳人口減少期における公立大学の急増
　　結　章　大学と地域─ 20 世紀日本の公立大学のあゆみをふまえて

　本書では、同書の引用が再三再四登場する。それは同書が公立大学を研究
する者にとって必読の書[38]であるからである。その中でも、本書でも検討を
行う、公立大学のあり方に関する高橋の見解について、長くなるがここで引
用する[39]。

　　　近年、格差拡大が進行する中、公立大学は低所得者層の進学先として
　　重要性[40]が増している。とくに地方では有力私立大学が少ないから、地
　　元の優秀な学生の進学先としての意義が大きい。大都市の公立大学の場
　　合、広く全国から優れた学生が集まり、卒業後も多くがその都道府県・
　　市内に就労・居住する。公立大学の半数以上は医療・看護・福祉系の学
　　部を持っているので、高齢化とともに地域に果たす役割はますます大き
　　くなる。

　地方分権が進む中で、自治体のシンクタンクとしての機能も高まる。ただし、首長がかわれば政策は転換する。自治体行政に寄与するとともに政策批判[41]の研究も大切なので、自治体に対する大学の独立性の確保が必要である。真の地域貢献を行うためにも、大学の自治と学問の自由の確立が不可欠なのである。

　一方、これらの研究者の見方とは異なるものとして重ねて引用されるのが猪瀬直樹の論考[42]である。そこでは、「公立大学をつくるのは税金のムダ遣いである」と題して、「借金だらけの地方自治体よ、経営感覚がなさすぎる！」と刺激的なサブタイトルで一般読者を惹きつけるものとなっている。この点について村澤昌崇は、「公立大学設置の論理は案外猪瀬の指摘通りかもしれない[43]」と評し、中田晃は、「関係者としては、まずは謙虚に受け止めるべきものとなろう[44]」としている[45]。あるいは、庁舎からホール、競技場や体育館、美術館、博物館までつくってしまった地方自治体にとって、大学の設置や誘致が、残された最後の大規模な公共事業だ[46]という指摘はまさに的を射ているということなのかもしれない。

　公立大学は自治体及び自治体の住民により支えられている[47]。本書は、これらの先行研究の成果を参考にしつつ、行政学や公共政策を専門分野としている研究者が、自身の地方自治に関する視点[48]から公立大学のあり方について私見をまとめたものである。

注

1）特別地方公共団体である一部事務組合や広域連合が設立するケースもある。
2）法律では地方公共団体であるが、本書では一般的に使われている用語である地方自治体を主として用いている。
3）文部科学省「令和2年度学校基本調査（確定値）の公表について」
https://www.mext.go.jp/content/20200825-mxt_chousa01-1419591_8.pdf（2021年3月26日最終閲覧）
4）このほか、小中一貫の義務教育学校が126校ある。
5）このほか、中高一貫の中等教育学校が56校ある。

6）日本図書館協会「日本の図書館統計 2020」
http://www.jla.or.jp/library/statistics/tabid/94/Default.aspx（2021 年 6 月 22 日
最終閲覧）

7）東京本館、関西館のほか、支部、分館が置かれている。

8）厚生労働省「医療施設動態調査（令和 2 年 12 月末概数)」
https://www.mhlw.go.jp/toukei/saikin/hw/iryosd/m20/dl/is2012_01.pdf（2021
年 3 月 18 日最終閲覧）

9）中川淳編『公立大学協会十五年の歩み』公立大学協会事務局、1966 年、191 頁。

10）秋月謙吾「ガバナンス時代の地方自治（NPM と NPO)」村松岐夫編『テキス
トブック地方自治第 2 版』東洋経済新報社、2010 年、151 頁。

11）また、「はじめに」でも述べたように、論文等について様々な検索サイトなど
で調べた限りでは、行政学や公共政策など政治学の分野でも大学に関する研究は、
個別大学の公立化や大学の誘致など地域活性化の観点によるものなど、ある程度
行われてはいるものの、公立大学全般に関してというものは数少なく、この点で
は教育学の先行研究をまずは道標とすべきと思われる。

12）羽田貴史「書評〈6〉高橋寛人著『20 世紀日本の公立大学—地域はなぜ大学を
必要とするか』」『日本教育行政学会年報』No.36、2010 年、256 頁。

13）「上級自治体として都道府県」という表現も地方分権の時代といわれて久しい
中で気になるところである。少なくとも 2000（平成 12）年の地方分権一括法の
施行によって、実質的な面ではまだまだ議論の余地はあるものの、形式的には、
国と地方、都道府県と市町村は対等協力の関係になったのである。少なくとも上
級という言葉は地方分権の時代には相応しくないものである。あるいは、対等協
力関係が実態を伴っていないという見立てから羽田が皮肉を込めてこの言葉を使
ったとも解釈できるだろう。

14）2001 年の中央省庁再編ですでに文部省は科学技術庁と統合して文部科学省に、
自治省は総務庁と郵政省と統合して総務省に生まれ変わっている。他の教育学者
による公立大学研究の中にも、地方自治制度について明らかな事実誤認や一般的
に流布しているような誤解というべきものをそのまま受け入れて論じているもの
が少なからずみられるので、2010 年の記述ということを踏まえて敢えて指摘した
ものである。

　　もちろん、逆に地方自治研究者が教育制度について、不十分な知識と理解の中
で地方自治（地方分権も含めて）を絶対視する観点などから、教育委員会制度な
どを論じてしまっていることも少なくないのではないかとも推察される。行政学
を包括する政治学と教育行政学などを包括する教育学の相互理解を進めることは
公立大学研究を深化させる上で不可欠であると思われる。

15）佐藤龍子「公立大学研究の複雑さと困難性—公設民営大学（私立大学）の公立

大学法人化を例として」『静岡大学教育研究』（11）、2015 年、137 頁。

16）もちろん、抜粋箇所の選択は筆者の判断によるものであり、もっと適切な部分が他に多数あるとは思われる。

17）沼田稲次郎「公立大学とは何か」内田穣吉・佐野豊共編『公立大学—その現状と展望』日本評論社、1983 年、6 頁。

18）天野郁夫『大学改革の社会学』玉川大学出版部、2006 年、259 頁では、長い間、「見えない大学」であったとされている。

19）沼田、1983 年、7 頁。

20）公立大学協会 50 年史編纂委員会編『地域とともにあゆむ公立大学—公立大学協会 50 年史』公立大学協会、2000 年、88-90 頁では公立大学の国立大学「補完」論について言及している。これは、日本の大学は国立大学が本来の姿で、公立大学は国立大学と同様に国の教育目的達成に寄与し、国立大学を補うという国立大学補完（補充）論で、1958 年に公立大学協会会長から出された陳情書などにも「補完的役割」という言葉が用いられている。

21）他にも、光本滋「公立大学の法人化と地域高等教育政策の展開（17 高等教育）」『日本教育学会大會研究発表要項』63 巻、2004 年、192 頁では「公立大学は、ながらく国立大学の代替物と見なされてきた」と評している。

22）沼田、1983 年、7-8 頁。

23）森川晃卿「公立大学、その特色と課題」内田穣吉・佐野豊共編『公立大学　その現状と展望』日本評論社、1983 年、59-60 頁。

24）1970 年代に在任していた知事の中では、東京都の美濃部亮吉知事（任期〔以下同様〕1967 年 -1979 年：東京教育大学教授を歴任）、京都府の蜷川虎三知事（1950 年 -1978 年：京都帝国大学教授を歴任）、大阪府の黒田了一知事（1971 年 -1979 年：大阪市立大学教授を歴任）、香川県の前川忠夫知事（1974 年 -1986 年：香川大学教授を歴任）、神奈川県の長洲一二知事（1975 年 -1995 年：横浜国立大学教授を歴任）、島根県の恒松制治知事（1975 年 -1987 年：学習院大学教授を歴任）が大学教授の経験を有していた。

25）沼田、1983 年、8 頁。

26）沼田、1983 年、34-41 頁。

27）稲葉哲雄「公立大学の「悩み」とは」内田穣吉・佐野豊共編『公立大学　その現状と展望』日本評論社、1983 年、64 頁。

28）同書は総合的な研究書であることは紛れもない事実ではあるが、大学の歴史などに関する記述で年号の誤り等が少なからず見受けられるので、引用に際しては他の資料も合わせて参照すべきである。

29）村田鈴子「はじめに」村田鈴子編著『公立大学に関する研究—地域社会志向とユニバーサリズム』多賀出版、1994 年、iii 頁。

30）高橋寛人『20世紀日本の公立大学—地域はなぜ大学を必要とするか』日本図書センター、2009年、17頁。

31）冨江英俊「公立大学拡大過程の実証的分析」『日本教育政策学会年報』9巻、2002年、177頁。

32）ローカリズム（地域社会志向）とユニバーサリズムのあり方については、第4章以降で改めて考察する。

33）村田鈴子「公立大学の課題—むすびに代えて」村田鈴子編『公立大学に関する研究—地域社会志向とユニバーサリズム』多賀出版、1994年、292頁。

34）吉川卓治『公立大学の誕生　近代日本の大学と地域』名古屋大学出版会、2010年、385頁では、「正当性に欠けた、どこか中途半端な存在というイメージ」としている。

35）高橋、2009年、9頁。

36）公立大学の歴史については、前述のように、村田、1994年ではなく、基本的には高橋、2009年を参照すべきであるが、第2章でも触れるようにごく一部ではあるが誤りと思しき記載も散見されるので、他の文献なども併せて参照されることが望ましいと思われる。もちろん、本書においても歴史に関する記述などで誤りがないとは断言できないのでその点は留意されたい。

37）高橋、2009年、13頁。

38）一方で、同書に対して、批判的な書評として、羽田、2010年がある。

39）高橋、2009年、326頁。

40）この点については、第4章で改めて実証的に検証する。

41）この点が、まさに二つの自治が錯綜するところであり、また、その相克が容易ではないところである。首長は耳が痛いと思っても、大学研究者の「建設的」な政策批判に真摯に耳を傾けるべきであり、大学研究者は「ための」批判ではなく、大所高所にたった専門的な知見による前向きな批判を展開すべきであるが、実際にそのようになっているとは言い難いことは、第6章でも述べるように、東京都立大学を巡る動きや大阪における大阪府立大学と大阪市立大学の統合、横浜市立大学の法人化などにおいて明らかになっているというのが筆者の見立てである。

42）猪瀬直樹「公立大学をつくるのは税金のムダ遣いである」『THE 21』PHP研究所、1998年8月号、38-39頁。

43）村澤昌崇「解説　大学とはだれのものか」村澤昌崇編『大学と国家　制度と政策』玉川大学出版部、2010年、112頁。

44）中田晃『可能性としての公立大学政策—なぜ平成期に公立大学は急増したのか』特定非営利活動法人　学校経理研究会、2020年、29頁。なお、中田は猪瀬の主たる記述について、以下の4項目にまとめている。

・義務教育ではない大学に（中略）教育の機会均等を配慮する必要もない。
・公立大学の新設は、あの県がつくったのならうちも、といった安易なものが圧倒的だ。
・公立大学は計画変更してすべて特養にしたほうがいい。
・子供がいなくなれば、いずれ公立大学は廃墟になってしまう。

45）このほか、公立大学に対する厳しい見方として奥野信宏『公共の役割は何か』岩波書店、2006年、144-145頁の以下の記述がある。

　　　公立大学は国立と私立の狭間にあって批判の矢面に立つこともなく、各地方で一定の質の学生を集めるというポジションにある。なぜ公立大学が必要かという存在理由について、学内で議論されることなどなかったのではないか。（中略）自治体もお金のない時代になった。本当に必要かどうかを自ら厳しく問いつめないと、存在することの意味が急速に薄れてゆく恐れがあるのではなかろうか。

46）天野郁夫『大学―試練の時代』東京大学出版会、1988年、208頁。
47）公立大学協会50年史編纂委員会編、2000年、20頁。
48）高橋、2009年の研究は、「教育行政の学」である教育行政学からのアプローチである。本書のアプローチは「公立大学という教育研究組織に関する行政学」からであり、特に地方自治に関する視点を中核として見解をまとめたものである。なお、地方自治に関する視点といっても、研究者によっても様々である。筆者は地方分権を進めることについては総論としては異論はないものの、どのような場合にも、また、どのような分野においても地方分権を進めることが絶対的な善とみなす、いわゆる「地方分権原理主義」者ではない。
　　また、国が本来担うべき役割を、地方分権の名のもとに地方に押し付けたりすべきではなく、たとえば、個人情報保護のように、国に先駆けて地方が取り組んだという実績は評価すべきものの、地方に委ねられているが故に、地方自治体ごとの取り扱いが異なり、人権保護の観点からも、また、行政のデジタル化を進める観点からも不都合が生じるような事案は見直すべきと考えている。
　　なお、この点については、橋本勇『地方自治のあゆみ―分権の時代に向けて』良書普及会、1995年、418頁では、「情報公開、情報保護のいずれについても、地方公共団体先行で制度化されているが、その内容には法律で定めることが適当かつ必要であると考えられるものがある。それぞれの地方公共団体の特性を十分慎重に検討したうえで、実効性のあるものとすることが肝要である」と四半世紀以上前に指摘している。

第2章　公立大学の歴史

1　はじめに

　100年余りにおよぶ公立大学の歴史をまとめるだけで、おそらくは数冊の通史ができるだろう。あるいは2020（令和2）年時点における94の公立大学それぞれに個性的な歴史があるため、94冊の通史となるといってもいいのかもしれない。ちなみに公立大学の歴史全般については、近年設立された大学を除いて、高橋の研究[1]によってコンパクトにまとめられている[2]。

　本書は、高橋の研究などを参考にしつつ、国との関係や設置自治体との関係などを中心に公立大学の実態を明らかにすることを主眼としている。

　公立大学の歴史の中でも、地方財政が悪化する中で、公立大学設置の抑制が進められた時代や規制緩和といった国策と密接に関係する動きや法人化とそれに伴う大学統合、私立大学の公立化などについては第5章以降で詳細に論じることとし、ここでは公立大学の全般的な歴史を簡潔に述べるにとどめることとする。

2　大学の誕生

　日本に最初の大学が誕生したのは1877（明治10）年[3]、明治政府が設立した東京開成学校と東京医学校の統合によるものだった。誕生したのは東京大学、当時は法、理、文、医の4学部だった。その後、1886（明治19）年に公

布された帝国大学令によって、東京大学は帝国大学に改称された。国内の大学は、しばらくは帝国大学1つだけだったが、1897（明治30）年に京都帝国大学が開設されて、帝国大学は東京帝国大学に改称された。その後、1907（明治40）年に東北帝国大学、1911（明治44）年に九州帝国大学、1918（大正7）年に北海道帝国大学が開設された。

　一方、1903（明治36）年には専門学校令が公布され、旧制専門学校[4]の制度が作られた。戦前の専門学校は、卒業後に進学を前提とせず社会人となり実務家として活躍することが期待された教育機関であり、単科大学に類似した存在だった。旧制専門学校の多くは現在の大学の前身であり、公立大学もまた例外ではなかった。

　1918（大正7）年には大学令が公布された。これによって帝国大学以外の大学の設置が認められ、1920（大正9）年には慶應義塾、早稲田、明治、同志社など、私立の旧制専門学校が相次いで大学への昇格を果たした。

　この大学令によって、1919（大正8）年11月に最初に誕生した公立大学が府立大阪医科大学であるが、1931（昭和6）年に官立に移管して現在の大阪大学（当時は大阪帝国大学）となった。この他、愛知、熊本[5]、京都にも公立の医科大学が相次いで誕生したが、愛知と熊本は大阪同様、官立に移管した。これは、関係者の多くは、大学昇格にあたって、公立の医科大学そのものを望んでいたわけではなく、できれば官立移管を図りたいと願っていた[6]とされ、いずれも国家の側からではなく、地域の側から始められたのだが、地域といっても一部の大学関係者や政党のイニシアティブのもとで着手され[7]たとされている。

　公立の医科大学に昇格したにもかかわらず、医学専門学校の時よりも経費がかかり、大学として存続するためには官立移管が避けられなかったのである。その中で、唯一公立大学として今日まで存続しているのが、1921（大正10）年に設立された京都府立医科大学である。

3　京都府立医科大学の誕生

　京都府立医科大学の前身は 1872（明治 5）年に京都府民病院として京都療病院の仮療病院が設立され、医学生の教育と治療を行ったことにさかのぼる。1879（明治 12）年には医学校が設置され、その後、1884（明治 17）年に第 1回卒業生が巣立っていた。当時、病院建設には京都の有名寺社のほとんどが出資に協力し、募金の輪は、寺社から医師や薬鋪にも広がり、さらにその影響は花街（諸游所）にも及んだ[8]とされている。

　京都に限らず、明治初期、全国各地に医学校が設立された。これらの多くは国や府県当局の意思によって作られていたが、1887（明治 20）年、勅令によって府県立の医学校にかかる経費については、地方税で支弁することが禁止された[9]。これは財政の厳しい府県では、医学教育を行うのは難しいと考えた明治政府が、府県は専ら普通教育の普及のために尽力をし、医学教育は基本的には官立の医学校で行いたい[10]と考えたからである。別の見方をすれば、国税でまかなわれる官立諸学校を主体とした、官学中心の高等教育の発展策を明確に打ち出した[11]ものということになるのだろう。

　この結果、1886（明治 19）年に 23 あった府県立医学校は廃止または官立に統合され、京都、大阪、愛知の 3 校だけになってしまった[12]。財政事情が公立の立場を追い込んでいったのは明治期も昭和期も同様のようである。公立大学のあり方を巡っては、財政論議は避けて通れないものとなっている。

　京都でも廃校の動きはあったものの、多くの府民が学校存続の願いを府知事に出し、寄付の申し出が相次いだこともあって存続が図られたのだった。その後、1903（明治 36）年に専門学校令により、京都府立医学専門学校と改称された。

　大学令の公布によって、1919（大正 8）年 3 月の卒業生から医学士と称することができるようになったこともあって、大学昇格運動は盛り上がり、卒業生約 2,000 名のうち、大学昇格のための募金 1 口 100 円を申し込んだ者が1,700[13]名にまで達していった。この募金によって病院用地などが確保され、

1921（大正 10）年 10 月に正式に認可されたのだった[14]。

　なお、大阪、愛知、熊本が官立移管された時点ではそれぞれの府県内に官立大学がまだなかったか、あるいはあっても医学部がない状況だった。そのため、国としても公立の医学校を官立に移管することが選択肢となるのはある意味当然だった。

　一方、京都に関してはすでに京都帝国大学に医学部が置かれていたので、官立移管の道は閉ざされていた[15]ともされているが、実際には官立移管を主張したのはごく一部で、教師にも学生にも、公立医大であることを誇る気風が徹底していて、府民に密着した存在だった[16]というのが実情であったとみるのが妥当だろう。

4　大学令第 5 条の改正と大阪市立大学の誕生

　大学令の制定によって、公立大学の設置は可能となり、先に述べた大阪、愛知、京都、熊本の 4 つの医学専門学校が大学に昇格していった。これらは昇格時点ではどれも府県立の大学であった。すなわち、大学令第 5 条では「公立大学は特別の必要ある場合に於て北海道及び府県に限り之を設立することを得」とされていたのである。あくまで公立大学は特別の必要がなければ設置することができず、その場合も道府県[17]に限定されていた。

　大阪市立大学は 1880（明治 13）年に五代友厚らによって設立された大坂商業講習所を前身としている。商業近代化の重要性を先覚した自由市民の創造的活動力が結集し、講習所開設となって開花した[18]ものである。

　開設時には 60 名の生徒募集に対して、申込者が 100 名を突破するなど好評だったが、私立学校のため個人の寄付に依存していたことから財政状況は直ちに悪化し、翌年には大阪府に移管され府立大阪商業講習所となった[19]。

　その後、市制特例によって大阪市が誕生し、1889（明治 22）年には市立大阪商業学校と改編された。1900（明治 33）年に、地元選出の国会議員によって、東京に次ぐ国立第二高等商業学校を大阪に設立する県議案が国会に提出されたものの、わずか 1 票差によって、神戸市に設置が決定した[20]。

　これによって、国に頼ることなく独自に高等商業学校を設立することを大阪市は考え、1901（明治34）年に市立大阪商業学校を改組して市立大阪高等商業学校を設立した。国立の神戸高等商業学校は1903（明治36）年に設立されているので、2年も前ということになる。

　その後、大学令が制定されたにもかかわらず、府県ではなく市が設置母体であるため、大学への昇格は不可能だった。このため、国に対して市も設置主体となることを可能とするよう、大学令の改正を働きかけたものの、関東大震災や度重なる内閣交代などで審議は進まず、ようやく1928（昭和3）年に改正大学令が公布され、3月に旧制大学の大阪商科大学が誕生した[21]。これは大阪帝国大学の開学よりも3年早かった。大阪では公立が官立に先駆けて大学となったのである[22]。その後、1949（昭和24）年に新制の大阪市立大学となった。

　大学に昇格するためには地域住民の熱意だけでは不十分だった。当時の文部省は私立大学が昇格する場合には100万円の基金があることを条件とし、公立大学についても年5％の利子分、すなわち5万円を毎年一般会計から補助[23]することを求めていた。大阪市も京都府同様、多くの市民の寄付を集めていたのである。当時から大学設置に際しては、設置主体に一定の財政基盤を有することが強く求められていたのだ。

5　新制大学の誕生

　1945（昭和20）年の終戦の際、日本の大学数は48校、学生数は10万人をわずかに超える程度で、旧制専門学校などを含めても高等教育機関の在籍者数は39万人だった[24]。これは大学生としての適齢人口の若者のほぼ5％にすぎなかった[25]。

　戦後の占領下において日本を民主化するための改革が様々な分野で急ピッチに進められていったが、教育分野は特に重要視され、その中でも大学教育のあり方も大きなテーマとなった。

　学制改革により1947（昭和22）年に学校教育法が施行され、これ以前の帝

国大学令や大学令等による大学は旧制大学と呼ばれるようになった。その後、旧制大学、旧制高等学校、師範学校、高等師範学校、大学予科および旧制専門学校が4年制の新制大学として再編されたのである。

　新制大学への移行は1949（昭和24）年だったが、それ以前の1945（昭和20）年から1948（昭和23）年までに先行して旧制大学として開学した公立大学が6校[26]ある。このうち5校が医学専門学校を前身とするところで、福島県立医科大学、名古屋女子医科大学[27]及び大阪市立医科大学[28]が1947（昭和22）年に、奈良県立医科大学及び和歌山県立医科大学が1948（昭和23）年に発足した。これらはその後、新制大学へと移行している。

　残りの1校が当時の神戸商科大学[29]である。新制大学設置に先駆けて、11の私大[30]が1年前倒しで1948（昭和23）年に発足しているが、神戸商科大学の前身となる神戸経済専門学校もこれらの私大同様、早期の申請を行い、医学系以外の他の公立大学よりも早く新制大学として認可されている。

　1949（昭和24）年の学制改革によって、旧制専門学校などから続々と新制大学に移行した。このうち現存する公立大学は13校で、9校[31]が1949（昭和24）年に、4校[32]が1950（昭和25）年に認可された。その中で最も規模が大きな公立大学が東京都立大学[33]である。東京都立大学は、5つの旧制専門学校と都立高等学校が統合されたもので、昼夜開講制が特徴の1つだった。

6　新制大学の特徴

　戦後、1950（昭和25）年までに新制大学として誕生した公立大学のうち、現在、公立のまま存続しているのは18校[34]である。このうち、医学専門学校を母体のすべてまたは一部とするものが7校[35]、歯科大学と薬科大学が各1校と医歯薬系半分を占めている。

　また、女子専門学校を母体の全てまたは一部とするものも8校[36]あるのが特徴の一つとして挙げられる。このうち、福岡女子大学の前身の福岡県立女子専門学校は1923（大正12）年に開校した日本初の公立の女子専門学校だった。

　女子専門学校から短期大学を経て公立大学に昇格したものも少なからずある。現在では、公立女子大学は福岡女子大学と群馬県立女子大学の 2 校に過ぎないが、公立大学の歴史は戦前から戦後にかけての女子教育の変遷を抜きに語ることはできない。94 ある公立大学の中の家政系や文学系の学部や学科、課程のルーツの多くはここにある。

　この他、旧制の外事専門学校を母体とした公立大学も 2 校設立されている。外事専門学校とは英語などの外国語を学ぶ専門学校で、官立は 2 校（後の東京外国語大学と大阪外国語大学〔その後、大阪大学と統合〕）、公立は神戸と小倉の 2 校だった。これらが新制大学に昇格したのが、神戸市外国語大学と北九州外国語大学である。神戸市は開港 5 港の一つであり、また、旧小倉市の近くの門司港も大陸航路が就航するなど、古くから海上交流の拠点として栄えた国際感覚の豊かな地域だ。

　戦後、海外との交流を深めることが外交や経済など様々な分野の発展に有益となり、また、平和日本に寄与するとの思いから、語学に通じた有為な人材を育成することを地域自らが目指したのである。他の旧制専門学校の多くが国策に沿った形で設立されたのに対して、この 2 校は国策に基づくものでなく、神戸・小倉両市の自発的な創設意欲に基づく[37]、まさに国策を先取りしたとも評価できるだろう。

7　幻の地方移管

　戦後の GHQ（連合国軍最高司令官総司令部）による占領改革の中で最も重要と位置づけられたものの一つが学制改革などの教育改革だった。教育の民主化こそが軍国主義排除の早道と考えたのだ。その中核を担ったのが CIE（連合国軍民間情報教育局）である。CIE の担当官は官立大学の中でも旧制帝国大学のあり方について強い問題意識を持っていて、教育の民主化の原則に従って、国の管理から切り離し、地方文化の振興の拠点として、地均し的に地方に移譲すべきであるとの見解を、強く文部省に勧告している[38]。また、各県に設置される大学は県立にすべしとの議論[39]も当時の教育刷新委員会でも出

されている。

これは、アメリカの教育関係者から見れば、当然のことながらアメリカの制度[40]を採用すべきということなのだろう。士官学校などを除けばアメリカには連邦政府が設立した高等教育機関は存在しない。大学に関しては私立または公立だけで、公立の中心は州立大学である。

これに対して日本側は、国立大学の運営を民主的に行うことを確約したほか、地方自治体の財政上の問題や、地方分権の歴史が浅く、地方自治の精神が根づいていないことなどとも関連して、大学理念を支える基盤が不備であることなどの理由からアメリカ側の勧告を退け[41]たとされている。

70年余りが経過した現在、当時の日本側が指摘した大学理念を支える基盤の不備は、地方分権が進められ、国と地方が少なくとも表面上は対等協力の関係となったとされている以上、基本的には解消されたと考えてよいのではないだろうか。もし、戦後の教育改革の中で、大学については公立と私立が主となっていたならば、現在の大学像は相当違ったものとなっていたのかもしれない。

8　国立移管と大学昇格

1950年代から1970年代[42]にかけては公立大学の数がほとんど変わらなかった時代である。だが、これはまったく変化がなかったわけではなく、国立大学への移管によって12[43]の公立大学が消滅する一方で、新たに11の公立大学が誕生したのだった。

文部省は1948（昭和23）年、新制国立大学の設置に関する11原則を発表した[44]。これは、CIEがわが国の大学の大都市集中を避け、また教育の機会均等を実現するため、国立大学について1府県1大学の方針を貫くよう要請したことによるものである。

　　一　国立大学は、特別の地域（北海道、東京、愛知、大阪、京都、福岡）を
　　　　除き、同一地域にある官立学校はこれを合併して一大学とし、一府

　　　県一大学の実現を図る。

二　国立大学における学部または分校は、他の府県にまたがらないもの
　　とする。

三　各都道府県には必ず教養および教職に関する学部もしくは部を置く。

四　国立大学の組織・施設等は、さしあたり現在の学校の組織・施設を
　　基本として編成し、逐年充実を図る。

五　女子教育振興のために、特に国立女子大学を東西二か所に設置する。

六　国立大学は、別科のほかに当分教員養成に関して二年または三年の
　　修業をもって義務教育の教員が養成される課程を置くことができる。

七　都道府県および市において、公立の学校を国立大学の一部として合
　　併したい希望がある場合には、所要の経費等について、地方当局と
　　協議して定める。

八　大学の名称は、原則として、都道府県名を用いるが、その大学およ
　　び地方の希望によっては、他の名称を用いることができる。

九　国立大学の教員は、これを編成する学校が推薦した者の中から大学
　　設置委員会の審査を経て選定する。

十　国立大学は、原則として、第一学年から発足する。

十一　国立大学への転換の具体的計画については、文部省はできるだけ
　　　地方および学校の意見を尊重してこれを定める。意見が一致しない
　　　か、または転換の条件が整わない場合には、学校教育法第九十八条
　　　の規定により、当分の間存続することができる。

　これによって、1949（昭和24）年に国立学校設置法が制定され、69の新制
国立大学が発足した。また、公立大学の国立大学への移管が進み、1972（昭
和47）年までに15学部が国立となった。このように、公立大学の国立移管は
まさに国策によるものであった。

　この11原則のうちの7番目に記された「公立の学校を国立大学の一部とし
て合併したい希望がある場合には、所要の経費等について、地方当局と協議
して定める」については、実態は国から一方的に地方自治体の財政負担を強
いていたのではないかとも考えられる。この政策については、第5章で改め

表1　50年代から70年代の新設公立大学

年	大学名	前身
1953	静岡県立大学	旧制専門学校→短大
1955	金沢美術工芸大学	旧制専門学校→短大
1957	高崎経済大学	短大
1957	愛知県立大学	旧制専門学校→短大
1960	都留文科大学	短大
1962	下関市立大学	短大
1965	県立広島大学	旧制専門学校→短大
1966	愛知県立芸術大学	新設
1967	長崎県立大学	旧制専門学校→短大
1975	山口県立大学	旧制専門学校→短大
1980	群馬県立女子大学	新設

注：設置年については前身となる大学のものとしている。たとえば、
　　愛知県立大学は1966年に開学しているが、前身の愛知県立女子
　　大学が1957年に開学していることから1957年としている。また、
　　1967年に短大が昇格して設置された静岡女子大学は1987年に静
　　岡薬科大学などとともに静岡県立大学に統合されているのでここ
　　には含めていない。
出典：各大学のホームページをもとに筆者作成。

て検討を加えることとする。

　その一方で、表1のように公立大学の新設も相次いだ。1953（昭和28）年
には静岡県立薬学専門学校が静岡薬科大学（1987〔昭和62〕から静岡県立大学）
に昇格し、1955（昭和30）年には美術専門学校から短大を経て、金沢美術工
芸大学が昇格した。このように、旧制専門学校から直接大学に昇格するもの
もあれば、いったん短大となってそののちに昇格するものもある。また、高
崎経済大学などのように旧制専門学校を前身としない短大が昇格するケース
も新たに生まれてきた。

　この他、愛知県立芸術大学などのように特段の設立母体をもたない、まっ
たくの新設大学というケースもある。これらの大学の学部は文学、経済、芸
術系と、国立移管が進んだ医学系や理工系に比べれば財政負担が比較的軽い
分野となっているのも特徴である。

　これら11の新設大学を分類すると、旧制専門学校から短大を経た昇格が6、
短大からの昇格が3、新設が2と様々なパターンがみられる。

9　相次ぐ市立大学の設置

　大阪市関係者の尽力によって大学令が改正され、市立大学の設置が可能となって以降、大阪市、名古屋市、横浜市、神戸市、岐阜市、京都市と市立大学が各地に誕生した。そして、県庁所在市以外で最初に市立大学を設置したのが、旧小倉市である。1950（昭和25）年の設立当初は北九州外国語大学で、その後、北九州大学[45]と名前を変え、1963（昭和38）年には5市合併[46]で誕生した北九州市が設置者となった。

　1955（昭和30）年には前節でも触れたように、京都市立美術大学に続く芸術系の公立大学として金沢美術工芸大学が金沢市によって設置された。国立で芸術に特化した大学が東京芸術大学しかなかった[47]こともあって、その後も芸術系の公立大学は各地で設置されている。国に準ずる、というよりも国の足らざる部分を補うという役割も公立大学は担っているのである。この点は医学系などでも同様ではないだろうか。

　1957（昭和32）年には高崎経済大学が高崎市によって設置された。高崎市は県庁所在都市ではないものの、廃藩置県後の1871（明治4）年におけるいわゆる第1次群馬県の時代には県庁が置かれた[48]こともある、北関東における経済と交通の要衝である。

　県庁の位置を巡ってたびたび争ったことだけでなく、上越線の路線の位置なども含めて、常に県都の前橋市とは対立するなどライバル関係と目されていたが、高崎市民にとっては、大学設置も悲願の一つだったことが大学のホームページからうかがえる[49]。

　　群馬県下にあった高等教育機関は、戦後の学制改革時の1949年、新制群馬大学として統合・発足しました。高崎市は県下第一の商都にふさわしい経済学部の誘致を図ったものの、戦後の経済事情等から新設学部の設置は不可能でした。そこで、高崎市独自に短期大学を創設することとし、1952年、高松町に高崎市立短期大学商経科を創設しました。その後、

経済発展等諸般の事情から、1957年に高崎市立短期大学を廃止、4年制大学を設置することになり、経済学部経済学科を置く高崎経済大学として、1957年発足することとなりました。

前身の高崎市立短期大学は昼夜間制で、いわゆる勤労学生も数多く学んでいたが、今では2学部6学科の公立大学でも有数の学生数を誇る規模となっている[50]。

10　小さな市の大きな大学

　北海道名寄市や岡山県新見市が短期大学を大学に昇格させるまでは、山梨県都留市が最も人口の少ない公立大学設置市だった。1960（昭和35）年の大学設置当時は人口3万人弱という現行の市の人口基準にも満たない[51]規模の小さな市が、大学を自ら作ったのはある意味大英断だったともいえるだろう。

　都留文科大学が誕生した発端は1953（昭和28）年、山梨県立の1年制の臨時教員養成所[52]が当時の谷村町にできたことだった。1947（昭和22）年から1949（昭和24）年までに生まれた団塊の世代が小学校入学に差しかかる1953（昭和28）年以降は教員を大量に採用する必要に迫られたため、全国各地で教員養成が急ピッチに進められた。それは山梨県においても例外ではなかった。

　谷村町は翌年、1町4村が合併して都留市となる。つまり、都留市は昭和の大合併で誕生した市である。都留市周辺の山梨県東部は郡内地方と呼ばれ、なかなか教員が居付かない[53]ともいわれていた。このため、地域住民の強い要望などもあって、「臨時」に養成所が設置されたが、わずか2年で山梨県は廃止と決めてしまった。これに対して都留市は結果としてこの施設を受け継ぐこととし、1955（昭和30）年、2年制の市立短期大学として生まれかわり、教員養成を担ったのである。

　短期大学の制度は1950（昭和25）年に創設されたもので、戦前からの旧制専門学校が新制大学に移行する際に、大学設置基準に満たない学校が出ることが問題視され、その解決のために新設されたものである。当初は「暫定」

の制度とされ、「当分の間」のはずだったが、永続的な制度として定着した。

　このように、臨時であり、暫定であり、当分の間のはずだったものが、1960（昭和35）年に大学に昇格したのだった。発足にあたっては、『大漢和辞典』（大修館書店）の編者であった諸橋轍次博士を初代学長に招へいしたが、小さな市では財政負担にも限りがあるため、関係者の苦労は並大抵のことではなかったようである。高等女学校の2階を校舎として使い、教授陣も引退した教員などを集め、また、認可を得るための基準を満たすために、市内の図書の所有者から急遽かき集めて図書を並べて認定のための調査に備えておい[54]たという一種の都市伝説[55]すらあったとされている。

　現在の学生定員は2,970人、これは都留市民の1割に相当する。卒業生の約4割が教員となり、山梨県出身者が約10%、うち都留市出身者は1%程度で、残りの約90%は全国からやってくる学生たちとされている[56]。2019（平成31）年の入学生に関しては、県内高校の卒業生は14.3%、公立大学の中では4番目に低く、複数学部を有する大学の中では1番低い[57]。これは、都留文科大学が育んできた教育内容もさることながら、北海道から沖縄県まで、全国17都市で受験が可能とされていることも大きく影響していると考えられる。

　地方会場については、1965（昭和40）年時点ですでに8か所設けている[58]ように、開学当初より全国各地から入学者数を確保するために積極的な取組みを進めてきたのである[59]。

11　公立大学開設冬の時代

　1962（昭和37）年に開学した下関市立大学[60]も、高崎経済大学同様、短期大学を前身としていたが、夜間専門で勤労学生を対象とするものだった。その後、市が設立にかかわる公立大学の新設は四半世紀以上経った1988（昭和63）年における釧路公立大学の発足まで待たなければならない。

　これは第5章で述べるように、財政負担などを考慮して、当時の自治省が市による公立大学の設置を認めないこととしたことによるものだが、その後、周辺市町村を加えた一部事務組合による設置であれば認めると方針転換した

ことから釧路市を中心とする1市8町1村が大学を設立したのだった。

1965（昭和40）年に県立広島大学の前身となる広島女子大学が旧制専門学校から短大を経て昇格した。また、1966（昭和41）年に愛知県立芸術大学が新設され、1967（昭和42）年[61]に長崎県立大学の前身となる長崎県立国際経済大学が短大から昇格した。しかしながら、1968（昭和43）年以降の20年間で新設され、現在まで存置している公立大学はわずかに3つ[62]にとどまる。

これら3大学は、1975（昭和50）年旧制専門学校から短大を経て昇格した山口女子大学[63]と1980（昭和55）年に新設された群馬県立女子大学、1986（昭和61）年に新設された沖縄県立芸術大学である。

12 再び公立大学の新設ラッシュへ

釧路公立大学が設置されて以降、再び公立大学の新設は増加した。これらは、前身となる学校が特になく、まったく新たに設立された大学もあれば、看護学校などを前身とする看護系大学、短大から昇格した大学、いわゆる公設民営の形態だった私立大学の公立化など様々なものがある。また、公立大学法人制度が設けられてから、公立大学の統合も進んでいる。これらの点については、第5章および第6章で改めて検討を加える。

平成から令和にかけての公立大学の設置動向について、統合された大学も含めてまとめたのが表2（1990年-2000年）と表3（2001年-2020年）である。

表2によれば、35校のうち、前身[64]として最も多かったのが新設で18校、次いで短大の14校で、旧制専門学校から短大を経たものが2校、看護学校が1校となっている。

開校年では、2000（平成12）年が6校と最も多く、次いで1993（平成5）年と1999（平成11）年の5校となっている。

2001（平成13）年以降は2000（平成12）年までとは状況は大きく異なる。公立大学の新設は少なくなり、それに代わって、私立大学の公立化や公立大学の統合が進んでいったのである。短大からの昇格が14校と最も多く、次いで私立大学からの公立化が10校[65]となる。

表 2　1990 年から 2000 年までの公立大学の設置動向

年	大学名	前身	備考
1990	富山県立大学	短大	
1990	奈良県立大学	短大	2001 年改称
1992	福井県立大学	新設	
1992	福岡県立大学	短大	
1993	青森公立大学	新設	
1993	会津大学	新設	
1993	兵庫県立看護大学	新設	2004 年統合
1993	岡山県立大学	短大	
1993	宮崎公立大学	新設	
1994	大阪府立看護大学	短大	2005 年統合
1994	広島市立大学	新設	
1995	茨城県立医療大学	新設	
1995	長野県看護大学	新設	
1995	愛知県立看護大学	短大	2009 年統合
1995	滋賀県立大学	旧制専門学校→短大	
1996	神戸市看護大学	短大	
1997	宮城大学	新設	
1997	前橋工科大学	短大	
1997	三重県立看護大学	新設	
1997	宮崎県立看護大学	新設	
1998	岩手県立大学	新設	
1998	東京都立保健科学大学	短大	2005 年統合
1998	山梨県立看護大学	短大	2005 年統合
1998	大分県立看護科学大学	新設	
1999	青森県立保健大学	新設	
1999	秋田県立大学	新設	
1999	埼玉県立大学	短大	
1999	県立長崎シーボルト大学	短大	2008 年統合
1999	沖縄県立看護大学	看護学校	
2000	公立はこだて未来大学	新設	
2000	山形県立保健医療大学	短大	
2000	石川県立看護大学	新設	
2000	岐阜県立看護大学	新設	
2000	島根県立大学	旧制専門学校→短大	
2000	広島県立保健福祉大学	短大	2005 年統合

注：公立大学協会 50 年史編纂委員会編、『地域とともにあゆむ公立大学─公立大学協会 50 年史』2000 年、178
　　頁では「県立会津短期大学を改組して 4 年制大学として設置」とされているが、短大と 4 年制大学では教
　　育研究内容が全く異なること、大学のホームページや中田晃『可能性としての公立大学政策─なぜ平成期
　　に公立大学は急増したのか』特定非営利活動法人学校経理研究会、2020 年、60 頁でも「公立短大の 4 年
　　制化ではなく、1993 年に開設」とされていることから、ここでは短大からの移行ではなく新設とした。
出典：各大学のホームページをもとに筆者作成。

表3　2001年から2020年までの公立大学の設置動向

年	大学名	前身	備考
2001	情報科学芸術大学院大学	新設	大学院大学
2001	尾道市立大学	旧制専門学校→短大	2012年改称
2002	新潟県立看護大学	短大	
2003	神奈川県立保健福祉大学	短大	
2004	国際教養大学	新設	
2004	兵庫県立大学	統合	
2004	香川県立保健医療大学	短大	
2004	愛媛県立医療技術大学	短大	
2005	群馬県立県民健康科学大学	短大	
2005	東京都立大学	統合	2020年改称
2005	石川県立大学	短大	
2005	山梨県立大学	統合	
2005	大阪府立大学	統合	
2005	県立広島大学	統合	
2006	名寄市立大学	短大	
2006	札幌市立大学	高専	
2006	産業技術大学院大学	新設	大学院大学
2008	長崎県立大学	統合	
2009	千葉県立保健医療大学	短大	
2009	新潟県立大学	短大	
2009	愛知県立大学	統合	
2009	高知工科大学	公立化	1997年設置
2010	静岡文化芸術大学	公立化	2000年設置
2010	新見公立大学	短大	
2010	名桜大学	公立化	1994年設置
2011	福山市立大学	短大	
2012	公立鳥取環境大学	公立化	2001年設置、2015年改称
2013	秋田公立美術大学	短大	
2014	山形県立米沢栄養大学	短大	
2014	長岡造形大学	公立化	1994年設置
2014	敦賀市立看護大学	看護学校	
2016	福知山公立大学	公立化	2000年設置
2016	山陽小野田市立山口東京理科大学	公立化	1995年設置
2017	長野大学	公立化	1966年設置
2018	公立小松大学	短大	
2018	長野県立大学	旧制専門学校→短大	
2018	公立諏訪東京理科大学	公立化	2002年設置
2019	公立千歳科学技術大学	公立化	1998年設置
2020	静岡県立農林環境専門職大学	大学校	

出典：各大学のホームページなどをもとに筆者作成。

　公立化した大学はどれも設立時に地元地方自治体から多くの財政支援を受けたものばかりだ。これらのうち 9 校は開校年が 1994（平成 6）年から 2002（平成 14）年までと比較的新しく、静岡文化芸術大学に至っては大学開学からわずか 10 年で公立化している。一方、長野大学のように開学してから半世紀以上経って公立化したところもある[66]。

　公立大学同士の統合によって新たに誕生した公立大学は 7 校で、新設は 3 校[67]、旧制専門学校から短大を経て昇格したのが 2 校、前身が看護学校、高等専門学校、大学校だったものがそれぞれ 1 校だった。

　2005（平成 17）年に開校したのが 6 校と最も多く、このうち 4 校は統合で、どれも公立大学法人によって運営されている。次いで 2004（平成 16）年と2009（平成 21）年の 4 校となっている。

　この結果、2020（令和 2）年現在 94 ある公立大学を都道府県ごとにみると、平均するとちょうど 2 校となる。最も多く設置されているのが北海道の 6、次いで多いのが群馬県、長野県、石川県、京都府、広島県、福岡県の 4 となっている。一方、公立大学がない県は、栃木県、徳島県、佐賀県、鹿児島県の4 県である[68]。

注

1）高橋寛人『20 世紀日本の公立大学—地域はなぜ大学を必要とするか』日本図書センター、2009 年。
2）大学令の制定による公立大学の誕生と戦前の大学昇格運動などについて詳細な歴史研究をまとめたものとして、吉川卓治『公立大学の誕生　近代日本の大学と地域』名古屋大学出版会、2010 年がある。
3）大学全般の歴史については、学制百年史編集委員会「学制百年史」https://www.mext.go.jp/b_menu/hakusho/html/others/detail/1317552.htm（2021 年 3 月 26 日最終閲覧）を参考にした。
4）専門学校自体は 1879（明治 12）年の教育令で定められたものである。
5）もともと私立医学専門学校だったが、1921（大正 10）年に県立に移管し、翌年に熊本医科大学に昇格した後、1929（昭和 4）年に国立に移管され、その後、熊本大学医学部となった。なお、高橋、2009 年、26 頁によれば 1929 年の大学昇格と同時に官立に移管とされているが、熊本大学のホームページや佐野豊「公立医

科大学と地域医療—京都府立医科大学の歩みの中から」内田穣吉・佐野豊共編『公立大学—その現状と展望』日本評論社、1983年、102頁では、1922（大正11）年に医科大学に昇格したとされているので、それによった。

6) 高橋、2009年、25-26頁。

7) 吉川、2010年、311頁。

8) 佐野、1983年、99頁。

9) 同上。

10) 村田鈴子『公立大学に関する研究—地域社会志向とユニバーサリズム』多賀出版、1994年、18頁。

11) 天野郁夫『近代日本高等教育研究』玉川大学出版部、1989年、121頁。

12) 佐野、1983年、99頁。

13) 森川晃卿「公立大学、その特色と課題」内田穣吉・佐野豊共編『公立大学　その現状と展望』日本評論社、1983年、46頁。

14) 公立大学制定当時の財政運営に関しては、吉川、2010年に詳しく記されている。

15) 高橋、2009年、26頁。

16) 佐野、1983年、103頁には以下のように記されている。

　　　教授の中に官立移管検討の必要性を口にする人がいて、教授会にそのための研究委員会ができた。しかしこの会は二度ひらかれたのみで、移管は不要との結論を出した。すでに大学内に移管の必要性を感じさせない土壌が育っていたからである。すなわち医学校創設時から、いつも府民がその存在を支えてきた。とくに、京都帝大創立以降、学校を挙げて医療を通じ、一層府民に密着し、そこに独自のカラーを築き上げたのであった。

17) 1943年までは現在の東京都は東京府だった。

18) 木村英一「大都市における開かれた公立大学」文部省『大学と学生』214号、1984年、7頁。

19) 同上。

20) 木村、1984年、8頁。

21) 昇格の中心となって活動したのが、東京高等商業学校の教授や大阪市の助役を経て第7代大阪市長に就任した関一だった。

22) 既に触れたように、大阪大学の前身は府立大阪医科大学である。

23) 森川、1983年、46頁。

24) 村田、1994年、47頁。

25) 同上。

26) その後も公立大学として存続しているものだけを挙げている。後述するように

　　大阪市立医科大学は統合されたので、現在存続しているのは 5 大学である。

27）1950（昭和 25）年に名古屋薬科大学と統合して名古屋市立大学となった。

28）1955（昭和 30）年に大阪市立大学に統合された。

29）2004（平成 16）年に姫路工業大学、兵庫県立看護大学と統合して兵庫県立大学
　　となった。

30）上智大学、國學院大學、日本女子大学、東京女子大学、津田塾大学、聖心女子
　　大学、同志社大学、立命館大学、関西大学、関西学院大学及び神戸女学院大学で
　　ある。

31）東京都立大学、横浜市立大学、岐阜薬科大学、京都府立大学（開学時は西京大
　　学）、大阪府立大学（開学時は浪速大学）、神戸市外国語大学、高知県立大学（開
　　学時は高知女子大学）、九州歯科大学及び熊本県立大学（開学時は熊本女子大学）
　　の 9 大学である。なお、このほか、姫路工業大学は 2004（平成 16）年に神戸商
　　科大学、兵庫県立看護大学と統合して兵庫県立大学となり、大阪女子大学は 2005
　　（平成 17）年に大阪府立大学に統合されている。

32）札幌医科大学、京都市立芸術大学（開学時は京都市立美術大学）、北九州市立
　　大学（開学時は北九州外国語大学）及び福岡女子大学の 4 大学である。

33）東京都立大学が首都大学東京に統合再編され、再び東京都立大学となる経緯に
　　関しては第 6 章で取り上げる。

34）1945（昭和 20）年から 1948（昭和 23）年までに開学した医科系 6 大学のうち、
　　大阪市立大学に統合された大阪市立医科大学を除く 5 大学と前述の 13 大学の合
　　計である。

35）大阪市立大学も含めている。

36）名古屋市立大学、東京都立大学、京都府立大学、大阪府立大学、高知県立大学、
　　熊本県立大学、札幌医科大学及び福岡女子大学の 8 大学である。

37）公立大学協会 50 年史編纂委員会編『地域とともにあゆむ公立大学—公立大学
　　協会 50 年史』2000 年、47 頁。

38）中川淳編『公立大学協会十五年の歩み』公立大学協会事務局、1966 年、193 頁。

39）村田、1994 年、52-53 頁。

40）戦後の地方自治制度もその多くはアメリカの制度に倣っている。

41）村田、1994 年、53 頁。

42）ここでは 1951（昭和 26）年から 1980（昭和 55）年までの 30 年間を対象とし
　　ている。

43）延べ数では 13 であるが、岐阜県立大学と岐阜県立医科大学はもともとは同じ
　　大学のため 12 となる。

44）学制百年史編集委員会「学制百年史」
　　https://www.mext.go.jp/b_menu/hakusho/html/others/detail/1317552.htm

（2021 年 3 月 26 日最終閲覧）を参考にした。

45）2001（平成 13）年に名称を北九州市立大学と改称した。

46）門司市、小倉市、若松市、八幡市、戸畑市の 5 市である。

47）工芸系では京都工芸繊維大学と九州芸術工科大学（現在の九州大学芸術工学
　　部）がある。その後、筑波大学、富山大学、佐賀大学で芸術系の学群、学部が設
　　置されている。

48）田村秀『地方都市の持続可能性―「東京ひとり勝ち」を超えて』筑摩書房、2018
　　年、196 頁。

49）公立大学法人高崎経済大学大学案内
　　https://www.tcue.ac.jp/leafpage/history.html（2020 年 6 月 12 日最終閲覧）

50）高崎経済大学を巡る「事件」などについては第 6 章でその経緯を触れる。

51）1954 年の地方自治法改正前は、人口要件は 3 万以上だった。その後の合併等の
　　特例で 3 万以上、あるいは 4 万以上ということもあったが、現行の地方自治法で
　　は以下のように人口要件として 5 万以上としている。なお、人口が 5 万を切って
　　も市自らが望まない限り、町村になることはない。

　　　第八条
　　　第一項　市となるべき普通地方公共団体は、左に掲げる要件を具えていなけ
　　　ればならない。
　　　　第一号　人口五万以上を有すること。
　　　　第二号　当該普通地方公共団体の中心の市街地を形成している区域内に在
　　　る戸数が、全戸数の六割以上であること。
　　　　第三号　商工業その他の都市的業態に従事する者及びその者と同一世帯に
　　　属する者の数が、全人口の六割以上であること。
　　　　第四号　前各号に定めるものの外、当該都道府県の条例で定める都市的施
　　　設その他の都市としての要件を具えていること。

52）定員はわずか 50 人だった。

53）大田堯「一小都市と大学」内田穣吉・佐野豊共編『公立大学―その現状と展
　　望』日本評論社、1983 年、81 頁。

54）大田、1983 年、82 頁。

55）これについては、金沢美術工芸大学の前身である金沢美術工芸短期大学が金沢
　　市立金沢美術工芸専門学校から昇格する際に、文部省の審査が難航し、なかでも
　　図書の不足は大きな問題で、市立図書館から 2,850 冊を保管転換して切り抜けた
　　とされていることからもわかるように、実際に幾つかの大学で行われてきたよう
　　である。公立大学協会 50 年史編纂委員会、2000 年、64 頁。

56）都留文科大学ホームページ

https://www.tsuru.ac.jp/guide/organization/（2020 年 6 月 12 日最終閲覧）

57）大学改革支援・学位授与機構「大学基本情報 2019（R1）（8-G）出身高校の所在地県別入学者数」

https://portal.niad.ac.jp/ptrt/r01.html（2020 年 6 月 12 日最終閲覧）を加工して作成した。以降の大学所在都道府県内出身者の入学割合などのデータについても、同様に大学基本情報のデータを用いて算出している。

58）旺文社「19 年国公立大入試情報」

http://eic.obunsha.co.jp/resource/topics/0611/1102.pdf#search=%27%E9%83%BD%E7%95%99%E6%96%87%E7%A7%91%E5%A4%A7%E5%AD%A6+%E5%9C%B0%E6%96%B9%E4%BC%9A%E5%A0%B4+%E6%95%B0%27（2020 年 6 月 12 日最終閲覧）

59）都留文科大学を巡る「事件」などについては第 6 章でその経緯を触れる。

60）下関市立大学を巡る「事件」などについても第 6 章でその経緯を触れる。

61）同年設立した静岡女子大学は、1987（昭和 62）年に静岡県立大学に統合されている。

62）このほか、2005（平成 17 年）年に首都大学東京に統合された東京都立科学技術大学は 1986（昭和 61）年に開学した。

63）1996（平成 8）年に男女共学に移行し、名称が山口県立大学になった。

64）どこを前身とするかは、資料によって異なるケースがあるが、ここではできるだけ幅広くとらえた（新設も前身の項に入れた）。このため、大学の公表資料などと異なるものもある。

65）このうち、短期大学を母体として 4 年制化した後に公立化しているのが、公立諏訪東京理科大学、静岡文化芸術大学、福知山公立大学及び山陽小野田市立山口東京理科大学の 4 つである。

66）大学開学から公立化までの平均年数は、筆者が調べた限りでは、長野大学を除けば 15.9 年、含めても 19.4 年と 20 年足らずである。

67）国際教養大学については、ミネソタ州立大学機構秋田校を引き継いだという見方もできるが、ここでは新設とした。

68）2021（令和 3）年には広島県に 5 つ目の公立大学が誕生し、北海道に次いで公立大学が多い都道府県となった。

第3章　データが示す公立大学の実像

1　数と設置者

　本章は、必ずしも一般的にはあまり知られていない公立大学の実像について、様々なデータからその真の姿を明らかにすることを目的としている。

　なお、ここで用いたデータは、原則として2020（令和2）年6月時点で入手できたものである。公立大学の数や学部については2020（令和2）年のデータを使用しているが、「学校基本調査」に基づく学生数や公立大学協会のホームページで示されていた各大学の予算については2019（令和元）年時点のデータを基にしている。

　2020（令和2）年4月現在、公立大学[1)]は全国に94校[2)]となっている。この

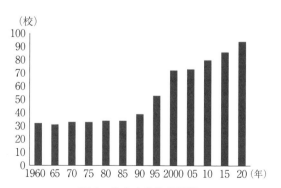

図1　公立大学数の推移

出典：筆者作成。

表4　公立大学の設置者

設置者	数
都道府県	60
政令指定都市	9
中核市等	10
一般市	10
都道府県・市	1
広域連合または 一部事務組合	4

出典：各大学のホームページをも
とに筆者作成。

中には2つの大学院大学と1つの専門職大学[3]が含まれるので専門職大学以外の4年制大学は91校となる。

　公立大学の数は、1990（平成2）年には39校だったので、この30年間に55校も増加したことになる。この間、大学同士の統合によって11校減少したので、実際には66校が新たに開学している計算となる。

　1960（昭和35）年以降の公立大学数の推移を示したのが図1である。第2章の表2で示したように、公立大学の新設は看護系大学の開設が国策として進められた1990年代以降顕著である。一方、1950年代から1970年代にかけては公立大学から国立大学への移管が進み、また、当時の文部省と自治省の覚書によって新設が抑制されていたこともあってほぼ横ばいとなっている。

　地方独立行政法人の制度ができる前は、公立大学はすべて直営、すなわち地方自治体内の内部組織としての位置づけだったが、現在では全体の9割近くの82大学が公立大学法人によって運営されている。一方、地方自治体の直営となっている12大学については公立の中でも小規模で、それも看護系の大学が多い。

　これら94の大学を設置[4]する地方自治体のカテゴリーで分けたのが表4[5]である。全体の約6割にあたる60が都道府県によるもので、中核市等[6]と一般市によるものが各々10、政令指定都市[7]によるものが9、特別地方公共団体である広域連合[8]または一部事務組合によるものが4[9]、都道府県と市の共同設置が1となっている。後ほど述べるように、どのようなカテゴリーの地方

自治体が設置したかは時代背景がそれなりに反映されている。

2　設置時期

　設置された時期については、統合などによって現在の形態になった年が示されている場合が一般的だが、本書では 2020（令和 2）年時点の 94 の公立大学に関して、その前身となる大学の設置年とした。たとえば首都大学東京から「先祖返り」した東京都立大学の場合、4 大学が改組・統合された 2005（平成 17）年が設置年とされているが、ここでは学制改革によって誕生した 1949（昭和 24）年を設置年とした。

　また、静岡県立大学の場合、1987（昭和 62）年に静岡薬科大学、静岡女子大学、静岡女子短期大学が改組・統合されて誕生しているが、静岡薬科大学が 1953（昭和 28）年、静岡女子大学が 1967（昭和 42）年に設置されているため、年代の古い 1953（昭和 28）年を設置時期とした。このほか、公設民営方式等でいったん私立大学として開学した後に公立化された大学については、本書における研究テーマが公立大学であるため、大学が設置された時ではなく、公立化された年を設置時期とした。なお、国立大学に移管された公立大学については含めていない。

　図 2 は 94 の公立大学がいつ設置されたかをまとめたものである。これによれば、第二次世界大戦前に既に開学していた京都府立医科大学と大阪市立大学を除けばすべての公立大学は戦後になってから設置されたものである。

　戦後まもなく、医学専門学校など旧制専門学校が相次いで大学として開学し、その後も新設が続いたが、地方自治体の財政難やこれに伴い当時の自治省が新設に難色を示したことなどによって 1970 年代（1971 年 -80 年）に新設されたのはわずか 2 校だった。

　その後、看護系大学の新設ラッシュなどによって 1990 年代には 27 校も新設された。21 世紀に入ってからは、新設数は減少傾向にはあるものの、コンスタントに公立大学が設置されていて、その多くは短大からの昇格と私立大学の公立化によるものである。18 歳人口が減少する中にあっても、2021（令

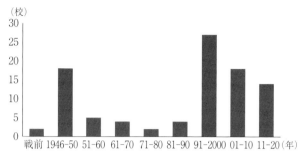

図2　設置年代別の設置数

出典：各大学のホームページをもとに筆者作成。

和3）年度にも新たに4校[10]が新設された。

3　地区ごとの推移

公立大学は1950年代まではその3分の1以上が近畿地区に設置されていた。しかしながら1960年以降は大きく様変わりしている。ここでは1960（昭和35）年と2020（令和2）年の60年間の変化を地区[11]ごとに概観する。

北海道・東北地区は、1960（昭和35）年時点では札幌医科大学と福島県立医科大学の2校だけだったが、すべての道県に設置が進むなど、2020（令和2）年には17大学と8.5倍、最も増加率が高くなっている。関東・甲信越地区は4校だったのが16校増えて20校と最も多くなっている。東海・北陸地区も6校だったものが17校に増加している。

様相が異なるのが近畿地区である。1960（昭和35）年に13校だったものが、国立大学への移管や統合が進んだこともあって、2020年の公立大学数は13校と同数になっている。この間、6校が新設されたが、その一方で、移管で2校、統合で4校減少したためである。

また、中国・四国地区は3校だったのが15校に、九州・沖縄地区は4校だったのが12校にそれぞれ増えている。

数が横ばいの近畿以外の地区では、どこも公立大学が8校から16校増加し、

また、2.8倍から8.5倍と高い伸びを示している。公立大学は地方部において増加が顕著である。

1960（昭和35）年時点では32あった公立大学のうち4割強の13校が近畿地区に集まっていた。また関東以北はわずか6校だけだった。これが60年経過すると、関東以北に37校と約4割の公立大学が集まるようになり、近畿地区は13校のままである。公立大学の新設の大部分は前述したように地方で顕著である。まさに18歳人口を定着させるための重要な政策として公立大学の設置が捉えられていたのである。

4　規　　模

公立大学の学生数は、2019（令和元）年5月1日の「学校基本調査」によれば、学部と大学院を合わせて15万8,176人である。これは、大学生総数の5.4％を占めている。30年前の約6万人と比べると2.5倍以上と大幅に増加している。ちなみに当時の大学生総数は約200万人だったので、公立大学の学生数は全体の3％を占めていたに過ぎなかった。大学全体に占める公立大学の割合は、大学の数だけでなく、学生数の面でも高まっている。

表5　学生定員の状況

学生定員	大学数
400人以下	11
401-800人	21
801-1,200人	19
1,201-1,600人	14
1,601-2,000人	10
2,001-4,000人	12
4,001-8,000人	6
8,001人以上	1

出典：『公立大学2020』一般社団法人 公立大学協会、2020年をもとに筆者作成。

　大学1校当たりの学生数を比べると、国立が7,052人に対して公立は1,701人と4分の1以下となっている。また、私立も3,549人であり、私立と比べても公立は半分以下の規模である。学生数の割合で比較すると、おおむね国立4：私立2：公立1となる。このように、国立や私立に比べると公立大学は小規模なところが多いというのが特徴の一つである。

　94公立大学の中で、学生定員が最も少ないのが情報科学芸術大学院大学の40人、最も多いのが東京都立大学の8,249人、200倍以上の開きがある。もちろん、これは大学院大学と総合大学の違いによるところが大きい。大学院大学と専門職大学を除いた91大学の中で最も定員が少ないのは山形県立米沢栄養大学の174人であり、東京都立大学とはそれでも47倍以上の開きがある。

　また、94大学についてみると、表5が示すように半分以上の51大学が定員1,200人（1学年の定員に換算すると300人以下）の小規模な大学となっている。

　この点は大学ごとの学部数[12]をみても明らかである。大学院大学を除く92大学中半数近くの44大学が単科大学となっていて、この多くは看護系大学である。このほか、2学部の大学が22、3学部の大学が10、4学部の大学が7で、5学部以上の大学は全体の1割弱の9にとどまっている。

　このほか、教員数で大学の規模を比較すると、横浜市立大学の759人が最も多く、情報科学芸術大学院大学の19人が最も少ない。100人以下の大学が56と全体の約56％で、平均教員数は147人となっている。

　なお、94大学から大学院大学と専門職大学を除いた91大学に関してみると、教員数では山形県立米沢栄養大学の21人が最も少ない。100人以下の大学が53と全体の約56％で、平均教員数は151人となっている。

　教員1人当たりの学生定員では、91大学の中では福島県立医科大学の2.1人が最も少なく、次いで和歌山県立医科大学、奈良県立医科大学と医学部中心の大学が押しなべて少なくなっている。

　一方、最も多いのが高崎経済大学の36.4人で、次いで福知山公立大学、釧路公立大学と経済系の学部が中心の大学が同様の傾向を示している。このように、教員1人当たりの学生定員は大学の主たる学部が何かによって大きく異なっている。国立、私立も同様の傾向にあるが、人文・社会科学系＞理工学系＞医歯学系となっている。なお、教員1人当たりの学生定員は、公立大

学の平均では 10.7 人となっている[13]。

5　学　部

　従来、大学の学部といえば、一般的には伝統校と呼ばれる大学ほどシンプルな名称を使う傾向にあった。いわゆる 1 文字学部である。具体的には、法、文、医、商、歯、薬、工、理、農、神などの 1 文字だけを掲げた学部は、戦前から旧帝大などにみられた名称である。また、教育、経済、芸術などの 2 文字を掲げた学部も 1 文字学部に準じて古い歴史を持つものである。

　一方、近年、学部名にカタカナをつける大学が増えてきた。その先駆けは 1991（平成 3）年の芝浦工業大学システム工学部[14]といわれていて、すでに私立大学では 100 以上の学部名にカタカナ表記がされている。公立大学についても 1993（平成 5）年に開学した会津大学のコンピュータ理工学部が先駆けとなり、2020（令和 2）年時点では 17[15]の学部・学群にカタカナ表記がされている。

　これに対して国立大学の多くは 1 文字学部、2 文字学部が大部分であったが、1995（平成 7）年に和歌山大学にカタカナ表記のシステム工学部が初めて設置された。しかしながら、学科名はともかく、学部名にカタカナ表記をする動きは鈍く、ここ数年、デザインやデータの名称を掲げる地方国立大学が新たに 5 つ誕生したに過ぎない。私立ではカタカナ表記に積極的な大学が多いのに対して、国立は旧帝大を中心に消極的で、公立はその間ということのようである。国立（6）＜公立（17）＜私立（100 以上）ということとなるが、この面でも公立大学は谷間の存在といえなくもないのだろう。

　カタカナ表記をはじめとする長い名称の学部が増加していることに対しては様々な見方がある。社会を取り巻く環境が大きく変化する中で、従来の学問体系の枠組みでは収まりきらない領域や研究分野が増加しているのもその背景の一つだ。

　情報化、国際化、環境問題の深刻化などに積極的に対応していくというメッセージが学部名に込められているといってもいいだろう。文理融合やデー

タサイエンスといったここ数年のトレンドも名称に反映されているケースが多い。また、1文字や2文字では短すぎて具体的に学ぶ内容がかならずしも受験生に十分に伝わらないという声もある。

　結果として名称自体は長くなるが、学ぶ内容がなんとなくわかる、あるいはカタカナのほうがかっこいいとする受験生が一定数いるからか、それなりの倍率を維持しているところが多いようだ。これに対して、カタカナ表記の学部をキラキラ学部と揶揄する向きも少なからずある。いずれにせよ、名は体を表すということだけは間違いないだろう。

　ちなみに公立大学の学部で文字数が最も多いのが、現代コミュニケーション学部（群馬県立女子大学）とグローバルマネジメント学部（長野県立大学）でともに11文字である。

　学部をどのように分類するかについても、名称が複雑化することによって難しさを増している。特に、複合的な領域を扱う学部が増えているため、判断が難しくなり、分類者によって異なる分類結果となることも少なくない[16]。このため、ここでは公立大学協会の区分[17]を採用した。

　これによれば、全体の4分の1強を看護・保健医療・福祉系が占め、社会

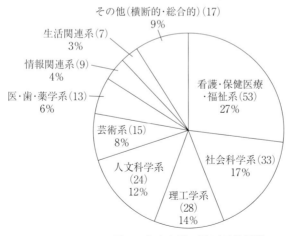

図3　公立大学の系列別学部数
出典：公立大学協会ホームページ「公立大学ファクトブック2019」。

科学系（法、経済、政策等）、理工学系、人文科学系の順となっている。また、芸術系の学部が15と国立大学に比べると多くなっているのも公立大学の特徴の一つである。この他、情報関連系や国際系、部門横断的・総合的な学部も増加傾向にある。

　看護・保健医療・福祉系の53学部のうち、看護師の養成課程を置いている大学が50と全公立大学の半数以上を占めている。また、理学療法士や検査技師などの課程を置いている大学が14[18]となっている。

　33ある社会科学系の学部の中では法学部は3つだけで、経済や経営、政策を主に掲げている学部が大部分である。医・歯・薬学系の内訳は、医学部が8つ、歯学部が唯一九州歯科大学にあるだけで薬学部が4つ[19]である。

　この他、ホームページ上で確認できただけで、管理栄養士の養成課程を持つ大学が20、幼稚園教諭や保育士の養成課程を持つ大学が12ある。公立大学の前身に短期大学や旧制専門学校が数多く含まれていて、これらに家政科などが設置されていたことを引き継いだことなどによるものである。

6　関係学科ごとの学生数

　「学校基本調査」では、大学の関係学科別の在籍学生数を公表している。2019（令和元）年現在の学部の学生数は260万9,148人、このうち、公立大学は13万8,653人で全体の5.3％を占めている。ちなみに国立大学は16.8％、私立大学は77.9％となっている。

　この調査では、学科の教育内容等から、11の大きな区分で分類している。これに関して、国立、公立、私立の在籍学生数とそれぞれの割合について示したのが表6及び表7である。

　国立大学で最も学生が多く在籍している区分は工学、一方、公立大学と私立大学では社会科学となっている。

　表7では、国立、公立、私立に占める割合（縦方向の計が100％）が示されている。これによれば、国立では、工学、社会科学、教育、保健の順となり、公立では社会科学、保健、工学、人文科学、私立では社会科学、人文科学、保

表6　大区分ごとの学生数

大区分	国立(人)	公立(人)	私立(人)
人文科学	30,900	18,740	315,523
社会科学	64,866	37,565	733,977
理学	29,104	3,460	45,433
工学	123,231	21,831	235,390
農学	30,641	4,355	42,104
保健	58,671	28,696	245,448
商船	406	—	—
家政	1,295	2,712	67,594
教育	60,035	2,532	126,776
芸術	3,430	6,012	63,478
その他	34,822	12,750	157,371
合計	437,401	138,653	2,033,094

出典：文部科学省「令和元年度学校基本調査」(2019年) をもとに
　　　筆者作成。

表7　大区分ごとの学生割合

大区分	国立(%)	公立(%)	私立(%)
人文科学	7.1	13.5	15.5
社会科学	14.8	27.1	36.1
理学	6.7	2.5	2.2
工学	28.2	15.7	11.6
農学	7.0	3.1	2.1
保健	13.4	20.7	12.1
商船	0.1	0.0	0.0
家政	0.3	2.0	3.3
教育	13.7	1.8	6.2
芸術	0.8	4.3	3.1
その他	8.0	9.2	7.7

出典：文部科学省「令和元年度学校基本調査」(2019年) をもとに
　　　筆者作成。

健、工学となっている。いわゆる理系に関しては、国立＞公立＞私立となっ
ていることがこの表からも明らかである。

　また、国立大学だけにある大区分の商船を除いた 10 区分について、国立、公立、私立が占める割合（横方向の計が 100%）と特化係数を、公立大学などに特徴的な中区分[20]を抜き出してまとめたのが表 8 と表 9 である。

　全体を通じて、公立大学の中区分の中で、その他の項目の特化係数が 1 を超えているものが 6 つとなっているのが特徴的である。中区分のその他には様々な学科の名前が連なっている。公立大学が新しい分野や複合的な分野の

表 8　大区分・中区分ごとの学生割合

大区分・中区分	国立（%）	公立（%）	私立（%）
人文科学	8.46	5.13	86.41
文学	0.36	5.72	93.92
その他	18.90	6.59	74.51
社会科学	7.76	4.49	87.75
社会学	1.79	5.67	92.54
その他	13.95	7.31	78.74
理学	37.31	4.44	58.25
その他	44.86	6.86	48.28
工学	32.39	5.74	61.87
電気通信工学	27.81	6.51	65.67
その他	45.02	8.63	46.35
農学	39.74	5.65	54.61
その他	45.93	6.35	47.71
保健	17.63	8.62	73.75
医学	52.48	9.09	38.43
看護学	5.55	18.31	76.14
家政	1.81	3.79	94.40
食物学	0.77	5.43	93.80
教育	31.71	1.34	66.96
芸術	4.70	8.24	87.05
美術	3.17	16.51	80.32
デザイン	0.99	8.46	90.55
その他	16.99	6.22	76.79
その他	18.03	9.37	72.60

出典：文部科学省「令和元年度学校基本調査」（2019 年）をもとに筆者作成。

表9　大区分・中区分ごとの学生割合（特化係数）

大区分・中区分	国立	公立	私立
人文科学	0.50	0.97	1.11
文学	0.02	1.08	1.21
その他	1.13	1.24	0.96
社会科学	0.46	0.85	1.13
社会学	0.11	1.07	1.19
その他	0.83	1.38	1.01
理学	2.23	0.83	0.75
その他	2.68	1.29	0.62
工学	1.93	1.08	0.79
電気通信工学	1.66	1.23	0.84
その他	2.69	1.62	0.59
農学	2.37	1.06	0.70
その他	2.74	1.20	0.61
保健	1.05	1.62	0.95
医学	3.13	1.71	0.49
看護学	0.33	3.45	0.98
家政	0.11	0.71	1.21
食物学	0.05	1.02	1.20
教育	1.89	0.25	0.86
芸術	0.28	1.55	1.12
美術	0.19	3.11	1.03
デザイン	0.06	1.59	1.16
その他	1.01	1.17	0.99
その他	1.08	1.76	0.93

出典：文部科学省「令和元年度学校基本調査」（2019 年）をもとに筆者作成。

学部・学科を数多く設置していることが学生数の状況からも明らかである。

　人文科学の分野では、全体では私立だけが特化係数が１を超えている。一方、公立は全体では１弱で、文学とその他の分野で１を超えている。社会科学の分野も、人文科学と概ね同じような傾向を示していて、社会学とその他の分野で特化係数が１を超えている。このように、いわゆる文系の分野では

学生総数に比して、私立＞公立＞国立という傾向がみえてくる。

　これに対して、いわゆる理系では、まったく逆の傾向を示している。学生数に関する特化係数では国立＞公立＞私立の傾向が明確に示されている。理学については、国立の特化係数が2.23と2を超え、その他も2.68と高い。公立も私立よりは高くなっている。

　工学と農学も同様で、特に国立における農学の特化係数は大区分では最も高くなっている。公立では、工学のその他の特化係数が高くなっている。

　公立が最も存在感を示しているのが保健の分野である。大項目としての特化係数は公立の中で1番高く、特に看護学に関しては、国立も私立も特化係数が1を切っている中で、3.45と極めて高い値を示している。看護学の学生に占める公立大学の割合は18.31％で、国立大学の3倍以上だ。医学でも、国立ほどではないにしても、特化係数は1.71で、9％を超えるシェアとなっている。

　家政の分野では、私学の特化係数が高く、公立の中では食物学の特化係数が1を超えている。教育に関しては、教員養成課程を多くの国立大学が有していることもあって、国立中心となっている。

　芸術分野についても看護学同様、公立＞私立＞国立となっている。本来、学生からの希望が高い分野にもかかわらず、国立の芸術系学部が限られていることもあって、戦後、それを補完するかのように芸術系の公立大学は各地で設置されている。特に美術の特化係数は3.11と3を超え、デザインの分野でも公立のウエイトが高くなっている。

　このように、公立大学は単に国立に準じた高等教育機関ではない。国立が対応しない、あるいは対応が弱い教育分野を積極的に担っているという意味では、補完以上の役割を十分果たしているといえるだろう。

7　予　算

　公立大学の予算に関しては、附属病院に関する経費を除いて比較を行う。実際、附属病院に関する経費はそれ以外の経費に近い規模となっているが、病

62

院を持つ公立大学は一部に限られるので、大学間の比較を行うに際しては除外するのが適当であると考えられる。

2019（令和元）年度の93大学についての予算額は3,554億円、前年度が3,350億円だったので約6.1%の高い伸びとなっている[21]。

ここでは、大学の規模や種類に応じて分類して、学生数と予算の関係について単純回帰分析を行った[22]。

分析にあたって、93の公立大学を6つのグループに分けた。第1のグループは大規模大学である。ここでは、学部数が4つ以上で、かつ、学生数が2,000人以上の13大学を対象とした。第2のグループは中規模大学である。ここでは学部が2つないし3つで、かつ、医歯系ではない30大学を対象とした。第3のグループが看護系単科大学で、21大学を対象とした。第4のグループが単科（理工系）大学で10大学を対象とした。第5のグループが単科（非看護、非理工、非医歯系）大学で13大学を対象とした。第6のグループが医歯系単科等大学[23]で6大学を対象とした。

6つのグループにおける学生数と予算の関係を示したのが図4から図9までである。公立大学の運営に要する経費については、普通交付税の基準財政需要額に算入されている。具体的には、一定の基準に基づき算出された学生一人当たりに要する経費（単位費用）に公立大学の学生数を乗じて算定されているため、ここではy切片が0の直線回帰の数式の傾きと決定係数を参考までに掲載している[24]。

また、2019（令和元）年度の算定に用いられた単位費用の額に学生1人当たりの平均授業料等の収入[25]を加えたものが、実際の学生等1人当たりの経費に近いものと考えられる。これをまとめたのが表10である。

表10　単位費用と一人当たり経費（試算）

	医学系	歯学系	理科系	保健系	社会科学系	人文科学系	家政系・芸術系
単位費用(千円)	3,763	2,213	1,554	1,777	212	435	691
授業料等加算後(千円)	4,405	2,855	2,196	2,419	854	1,077	1,333

出典：地方交付税制度研究会編『令和元年度　地方交付税制度解説（単位費用篇）』（地方財務協会、2019年）をもとに筆者作成。

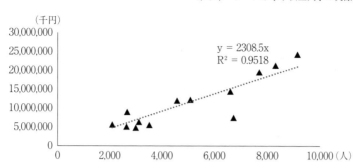

図 4　大規模大学における学生数と予算

出典：公立大学協会ホームページ「令和元年度公立大学便覧」をもとに筆者作成。

　表 10 が示すように、医学系が最も経費がかかるのに対して、最も経費がかからない社会科学系はその 5 分の 1 以下の額である。しかしながら、国公立大学に関しては、現時点では各学部の授業料はどこも同額となっている。この点については第 4 章で検討を加える。

　図 4 に示すように、大規模大学[26]に関しては、予算額が学生数に概ね比例している。決定係数も 0.9518 と高い。グラフの傾きは 230 万 9,000 円／学生 1 人で、保健系の 1 人当たり経費に近い。これら 13 大学のうち 4 大学には医学部があり、理科系の学生も一定数いるため、これらの大学については、1 人当たりの経費は高くなるのはある意味当然ではある。このほか、地域手当が支給される都市部に所在する大学が大部分のため、教員の給与が他の公立大学より高くなっていることも影響していると考えられる。

　中規模大学[27]については、決定係数は 0.8067、グラフの傾きは 160 万 9,000 円／学生 1 人となっている。このグループは数も多く、また、各大学は様々な学部から構成されているため、学生数と予算額の間の相関は他のグループよりも小さいが、1 人当たりの経費は家政系・芸術系よりも 27 万 6,000 円高くなっている。一部の大学には理工系や看護系の学部も含まれていることが影響していると考えられる。

　なお、前年度よりも 20 億円以上予算額が増えた富山県立大学と開学 2 年でまだ 2 年生までしか在籍していない長野県立大学及び公立小松大学を除いた27 大学でみると、グラフの傾きは 152 万 4,000 円／学生 1 人とやや下がる[28]。

64

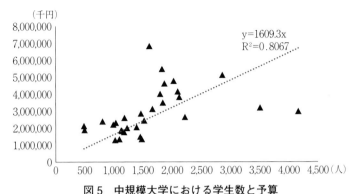

図 5　中規模大学における学生数と予算

出典：公立大学協会ホームページ「令和元年度公立大学便覧」をもとに筆者作成。

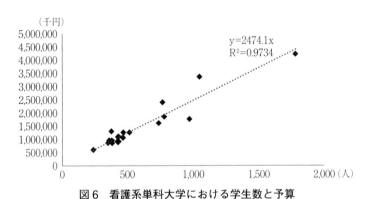

図 6　看護系単科大学における学生数と予算

出典：公立大学協会ホームページ「令和元年度公立大学便覧」をもとに筆者作成。

　学生数と予算額の直線回帰における決定係数が最も高いのが看護系単科大学[29]である。決定係数は 0.9734 でグラフの傾きは 247 万 4,000 円/学生 1 人となっている。これは、表 6 の保健系の 1 人当たり経費との差はわずか 5 万5,000 円である。多くの看護系単科大学は、開学して 10 数年から 20 年程度が経過し、大学運営も安定期に入っていると考えられる。また、教員数などもおおむね大学設置基準に準拠したものとなっていて、大学間の相違はあまり大きくないのだろう。だが、今後、施設の老朽化などによって、大規模改修などの経費が増嵩することも予想される。

単科（理工系）大学[30]も 0.8671 と比較的決定係数が高い。グラフの傾きは221 万 9,000 円／学生 1 人で、表 10 の理科系の 1 人当たり経費との差はわずか 2 万 3,000 円である。一方、1 人当たりの経費に関しては、大学院大学が高くなっているため、最高と最小では 9 倍近い開きがある。

単科（非看護、非理工系、非医歯系）大学[31]については、決定係数は 0.7923、グラフの傾きは 120 万 2,000 円/学生 1 人となっている。これは、家政系・芸術系と人文科学系のほぼ中間の値となっている。13 大学のうち、家政系・芸術系の 4 大学を除くと、決定係数は 0.8405、グラフの傾きは 111 万 6,000 円/学生 1 人と人文科学系の 1 人あたりの経費に近くなる。

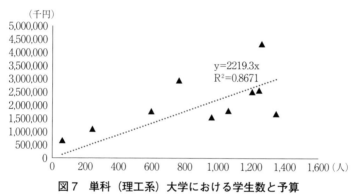

図 7　単科（理工系）大学における学生数と予算

出典：公立大学協会ホームページ「令和元年度公立大学便覧」をもとに筆者作成。

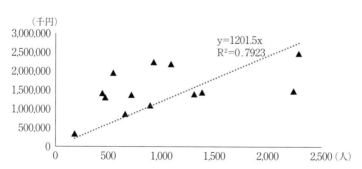

図 8　単科（非看護、非理工系、非医歯系）大学における学生数と予算

出典：公立大学協会ホームページ「令和元年度公立大学便覧」をもとに筆者作成。

医歯系単科等大学[32]のうち、医学系と歯学系では単位費用が大きく異なることから、ここでは医学系の5大学だけを対象として分析を行った。決定係数は0.9615と高いが、グラフの傾きは723万円／学生1人と表10の学生1人当たり経費よりも大幅に多い。ここで対象とした予算額の中には附属病院に直接あるいは間接的に関係する経費が一定程度含まれているからではないかと推察される。

　また、学生1人当たりの予算額をみると、2019（令和元）年度は平均で229万2,000円となっている。大学間の差は大きく、図10が示すとおり、学生数が少なくても1人当たりの予算額が少ない大学もあれば、多い大学もある。一

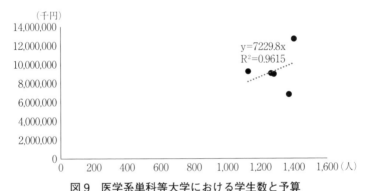

図9　医学系単科等大学における学生数と予算

出典：公立大学協会ホームページ「令和元年度公立大学便覧」をもとに筆者作成。

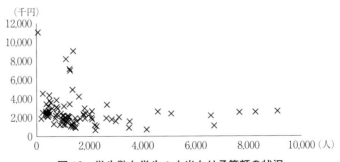

図10　学生数と学生1人当たり予算額の状況

出典：公立大学協会ホームページ「令和元年度公立大学便覧」をもとに筆者作成。

方、学生数の多い大学は概ね 1 人当たりの額が 200 万円前後となっている。

　学生 1 人当たりの予算額が最も高い情報科学芸術大学院大学は 1,104 万8,000 円、もっとも低い下関市立大学は 65 万 9,000 円、17 倍近い開きがある。高いほうは大学院大学と医学系単科等大学が、下位には社会科学や人文科学系の学部が中心の大学が並ぶ。大学の教育内容や機能の違い、さらには単位費用の状況をみれば、おおむねうなずける結果ではある。

　各大学の予算が概ね地方交付税の基準財政需要額を算出する基本項目である単位費用で説明できるのはある意味、当然ともいえる結果である。基準財政需要額の積算がフィクションであると批判されないためには、大きな決算乖離があることは望ましくない[33]からでもある。

　ここで用いた各大学の予算額は経常経費以外も含まれているが、どこの大学の予算も各大学が自律的に決定できるわけではなく、地方自治体の直営であろうが、公立大学法人であろうが、設置自治体の予算担当課のいわゆる査定などを経て原案が作成される。

　公立大学の経費が単位費用に計上されている以上、査定の担当者はその額を算出したうえで、公立大学の事務局から提出された予算要求額を査定する。要求額が過大であったとしても、査定額が単位費用による積算額を大きく上回ることはまず考えにくい。そもそも、事務局も単位費用の額を基本として積算し、次年度における若干の特殊要因から必要となる額を加えて要求することが通例ではないかと考えられる。

　ここでの試算はあくまで簡便な手法によるものであり、また、単年度であることから、より詳細に分析する場合は複数年度の比較を行うとともに、重回帰分析などの手法も用いて様々な角度から総合的に検討することが望ましいと考えられる。

　このほか、「公立大学ファクトブック 2019」では、公立大学の財政に関してデータを示しているので、ここではそのうちの幾つかを紹介する[34]。

　公立大学の経常費予算額に占める自主財源額の割合は 40％前後で推移していて、2019（令和元）年度は 39.7％となっている。また、経常費予算額に占める授業料などの学生納付金等[35]の割合は大学によって大きく異なっている。80％以上の公立大学が 2 校あるのに対して、わずか 10％未満の大学は 4 校と

なっている。この割合が高いのは社会科学系の単科ないし学部数の少ない公立大学であり、また、割合が低いのは医学部を持つ大学であると思われる[36]。

　附属病院を除く公立大学の人件費予算額は、2019（令和元）年度は1,971億円と前年度に比べて2.4%の増となり、近年増加傾向にある。一方、経常費予算額に占める比率では62%から63%とほぼ横ばいになっている。これを各大学の状況をみると、おおむね55%から80%の間に分布しているが、80%以上の大学が1校、50%未満の大学も複数あることが示されている[37]。

注

1) 本研究では対象としなかったが、2020（令和2）年現在、公立の短期大学は全国に14ある。
2) 後述するように2021（令和3）年に4つの公立大学が新設されたことによって、98校となった。
3) 専門性が求められる職業を担うための実践的かつ応用的な能力を展開させることを目的とした大学で、実習、実験などを重視した職業訓練が中心となる。専門職大学は2019（平成31）年度から開学している。
4) 公立大学法人を設置する地方自治体という意味では、大阪市立大学、大阪府立大学及び公立鳥取環境大学が都道府県と市の共同設置ということになるが、ここでは公立鳥取環境大学のみを該当する大学とし、大阪府立大学は都道府県が、大阪市立大学は政令指定都市が設置する大学とした。
5) 図表のデータは基本的には2020（令和2）年5月から2020（令和2）年10月にかけて各大学のホームページから入手したものである。
6) ここでは施行時特例市に位置付けられている長岡市も含めて中核市等と表記した。
7) 札幌市、横浜市、名古屋市、京都市、大阪市、神戸市（2大学）、広島市、北九州市の8市である。これらの政令指定都市はどれも昭和の時代に誕生したものであり、昭和に誕生した政令指定都市の中で公立大学を持たないのは川崎市と福岡市だけである。なお、後述するように、川崎市は2022（令和4）年に短期大学を4年制化した看護大学を新設する予定である。
8) 函館圏公立大学広域連合である。
9) 青森公立大学は設立当初は青森市、平内町、蟹田町、今別町、蓬田村、平舘村、三厩村の1市3町3村から構成される一部事務組合である青森地域広域事務組合が母体であったが、2009（平成21）年に公立大学法人に移行する際に設置主体が

青森市単独に変更されている。

　　同様に、宮崎公立大学も設立当当初は宮崎市、清武町、佐土原町、田野町、綾町、国富町、高岡町の 1 市 6 町から構成される一部事務組合である宮崎公立大学事務組合が母体であったが、市町村合併等によって、2011 年に設置主体が宮崎市単独に変更されている。

10)　新潟県三条市が設置主体の三条市立大学、公立大学法人広島県立大学が設置主体の叡啓大学、静岡県が設置主体の静岡社会健康医学大学院大学及び兵庫県が設置主体の芸術文化観光専門職大学のことである。

11)　地区区分は公立大学協会によるものを用いた（北海道・東北地区：1 道 6 県、関東・甲信越地区：1 都 9 県、東海・北陸地区：7 県、近畿地区：2 府 4 県、中国・四国地区：9 県、九州・沖縄地区：8 県）。

12)　一般社団法人公立大学協会ホームページ「公立大学の概況」
http://www.kodaikyo.org/?page_id=8413（2020 年 5 月 28 日最終閲覧）。学群学域も学部に含めた。なお、静岡県立農林環境専門職大学も含めている。教員数なども同ホームページによる。

13)　なお、教員数については、どのような学部構成か、また、一般教養科目担当の教員をどの程度常勤として採用するかなどによって相当程度異なってくる。当然のことながら医学部は国公私立にかかわらず、多くの教員が必要とされる学部である。このため、教員一人当たりの学生数という指標による単純な比較だけで、当該大学における教員数の妥当性を判断するのは難しいという点に留意すべきである。

14)　ビジネスジャーナルホームページ「大学の笑えない惨状〜法学部凋落、私立の半数は定員割れ…学生の質の低下も拍車か」
https://biz-journal.jp/2013/12/post_3550.html（2020 年 5 月 29 日最終閲覧）。

15)　大学院大学の研究科名を加えると 18 になる。

16)　例えば、理工学系と情報関連系の区分などはどちらに含めるべきか判断が分かれると考えられる。

17)　公立大学協会「公立大学の概況」〔注 12〕と同じ）。なお、ここでは 2019（平成 31）年度を参照したため、2020（令和 2）年開学の静岡県立農林環境専門職大学は含まれていない。

18)　2021（令和 3）年に福島県立医科大学保健科学部が設置されたので現在は 15 である。

19)　2021（令和 3）年に和歌山県立医科大学薬学部が設置されたので現在は 5 である。

20)　全体の学生数が 1 万人以上で、特化係数が 1 以上、かつ、公立大学の大区分の比率よりも高い中区分の項目を選択した。

21)　公立大学協会ホームページ「令和元年度公立大学便覧」

http://www.kodaikyo.org/?page_id=937（2020 年 6 月 12 日最終閲覧）。なお、同
ホームページの「公立大学ファクトブック 2019」の 14 頁では、経常費予算額を
3,134 億円としているが、公表されている個別の大学経費の合計は 3,554 億円と一
致しない。このため、ここでは公表されている個別の大学経費を用いて分析を行
った。

22）教員数と予算についても同様の分析を行ったが、概ね決定係数は学生数と予算
のケースの方が高かったため、ここでは学生数と予算の分析結果を紹介した。

23）医科系単科大学でも看護系の養成課程があるため、看護系の学部が別途ある医
科大学も加えている。

24）実際の基準財政需要額の算定はもっと複雑である。ここでは、あくまで大学の
規模や種類によって、どのような傾向がみられるかについて概観するために、単
純で簡便な手法で分析を行ったものである。なお、公立大学の基準財政需要額に
関する詳細な実証的研究として、須原三樹・赤井伸郎「公立大学の運営費と地方
交付税による国の財源保障」会計検査院『会計検査研究』（47）、2013 年、193-
215 頁がある。本来であれば、学部毎の予算額と学部毎の学生数を基に須原、赤
井のように重回帰分析を行えば、大規模大学や中規模大学に関して、さらに有益
な情報が得られるのではないかと考えられる。

25）2019 年の授業料は第 4 章でも触れるように 82 の公立大学で、国立大学同様
53 万 5,800 円としている。また、単位費用の算定ではこのほか、入学料や検定料
も控除されて計算されている。ここでは、公立大学協会ホームページ「大学基本
情報 2015」
http://www.kodaikyo.org/?page_id=848（2020 年 6 月 16 日最終閲覧）において
入学料・検定料が授業料収入の 19.8％となっていることから、535,800 × 1.198 =
641,888 ≒ 64 万 2,000 円を加算することとした。

26）具体的には、岩手県立大学、東京都立大学、横浜市立大学、静岡県立大学、愛
知県立大学、名古屋市立大学、大阪府立大学、大阪市立大学、兵庫県立大学、県
立広島大学、高知工科大学、北九州市立大学、長崎県立大学の 13 大学である。

27）中規模大学とは 1 人当たりの経費が高い順に、長野県立大学、富山県立大学、
公立小松大学、秋田県立大学、札幌市立大学、宮城大学、広島市立大学、福井県
立大学、京都市立芸術大学、愛知県立芸術大学、山陽小野田市立山口東京理科大
学、名桜大学、静岡文化芸術大学、岡山県立大学、島根県立大学、京都府立大学、
滋賀県立大学、福岡県立大学、公立鳥取環境大学、高知県立大学、新潟県立大学、
山梨県立大学、山口県立大学、群馬県立女子大学、福山市立大学、熊本県立大学、
長野大学、都留文科大学、尾道市立大学、高崎経済大学の 30 大学である。

28）決定係数は 0.8493 と少し高くなる。

29）名寄市立大学、青森県立保健大学、山形県立保健医療大学、茨城県立医療大学、

群馬県立健康科学大学、埼玉県立大学、千葉県立保健医療大学、神奈川県立保健福祉大学、新潟県立看護大学、長野県看護大学、石川県立看護大学、敦賀市立看護大学、岐阜県立看護大学、三重県立看護大学、神戸市看護大学、新見公立大学、香川県立保健医療大学、愛媛県立医療技術大学、大分県立看護科学大学、宮崎県立看護大学、沖縄県立看護大学の 21 大学である。

30) 公立はこだて未来大学、公立千歳科学技術大学、会津大学、前橋工科大学、産業技術大学院大学、長岡造形大学、公立諏訪東京理科大学、石川県立大学、情報科学芸術大学院大学、岐阜薬科大学の 10 大学である。

31) 1 人当たりの経費が高い順に、沖縄県立芸術大学、秋田公立美術大学、福知山公立大学、国際教養大学、福岡女子大学、金沢美術工芸大学、山形県立米沢栄養大学、奈良県立大学、宮崎公立大学、神戸市外国語大学、青森公立大学、釧路公立大学、下関市立大学の 13 大学である。

32) 札幌医科大学、福島県立医科大学、京都府立医科大学、奈良県立医科大学、和歌山県立医科大学、九州歯科大学の 6 大学である。

33) 小西砂千夫『新版　基本から学ぶ地方財政』学陽書房、2018 年、143 頁。

34) 公立大学協会ホームページ「公立大学ファクトブック 2019」
http://www.kodaikyo.org/?page_id=10507（2020 年 6 月 13 日最終閲覧）

35) 入学検定料、入学料、授業料のほか、研修料、聴講料、実験実習費収入等が含まれる。

36) 具体的な大学名は公立大学協会のホームページでは示されていない。

37) グラフは示されているが、具体的な数は明示されていない。

第4章　公立大学の学生像

1　公立大学の学生像とは

　前章では、公立大学の実像について、様々なデータを用いて明らかにした。その中でも学生定数や学科ごとなどの学生数について触れたが、本章では、より具体的にどのような学生が公立大学に在籍しているのかについて明らかにする。

　まず、公立大学の学生の出身地を大学別、学部系列別に示したうえで、都道府県における大学進学の状況や大学収容力、都道府県内大学入学者数に占める公立大学の割合、公立大学の所在都道府県の出身者の割合などを詳細に分析し、公立大学における地域社会志向に対する懐疑的な見方の妥当性を検証する。

　次に、学生の家庭の経済状況について公立大学と国立大学、私立大学との比較を試みる。「学生生活調査」の結果を長期間にわたって行い、以前は主に国立大学が担っていたところを、現在では公立大学の存在が大学生を持つ収入の少ない家庭にとって一定のセーフティネットの役割を果たしているという実態を明らかにする。

　さらには公立大学における入学料や授業料の域内と域外の学生でどのような違いがあるかについて詳細に分析し、アメリカの例も参考にしつつ、学部間における同一授業料の是非に関して考察を行う。

2 学生の出身地

　公立大学で常に議論になる点の一つに域内の高校生がどの程度入学しているか、ということがある。これは村田鈴子編著『公立大学に関する研究—地域社会志向とユニバーサリズム』（多賀出版、1994 年）の指摘する地域社会志向に符合する。域内とは、都道府県立の場合は当該都道府県内のことであるが、市立などの場合は、市内ないし広域市町村圏内ということになる。一般社団法人公立大学協会が公表する「公立大学ファクトブック 2019」によれば、公立大学全体[1]における入学者に占める域内者の割合は 36.6％で、ここ数年は 36％前後で推移している。ここでは、市立大学と都道府県立大学との条件を揃えることとし、市立大学などについても都道府県立同様、同一都道府県内からの入学者の割合を算出し、大学毎の傾向などを明らかにする[2]。

　「学校基本調査」によれば、2019（令和元）年度の公立大学の学部入学者数は 3 万 3,712 人、このうち女性が 1 万 8,937 人と全体の半数以上の 56.2％を占めている。各公立大学の所在都道府県と同一都道府県の高校出身者（以下、県内出身者とする）は 1 万 5,411 人、全体の 45.7％となっている。

　また、男性のうち、県内出身者の割合は 40.3％なのに対して女性では 49.9

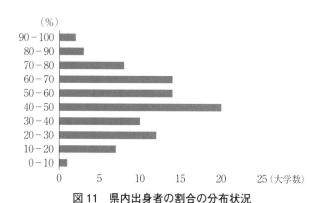

図 11　県内出身者の割合の分布状況

出典：文部科学省「令和元年度学校基本調査」（2019 年）をもとに筆者作成。

％とほぼ半数が県内出身者で占められている。このように男性に比べると女性のほうが県内志向は高いが、これは女性が大半を占めている看護系学部でその傾向が特に顕著である。

　次に大学別で県内出身者の割合をまとめたのが図 11 である。これによれば80％以上が 5 校で、最も割合が高いのが沖縄県立看護大学の 96.3％、次いで札幌医科大学[3]の 92.0％、札幌市立大学の 86.9％、公立千歳科学技術大学の85.7％、石川県立看護大学の 85.4％となっている。上位には看護・保険医療・福祉系の単科大学が並んでいて、県内出身者割合上位 20 大学のうち、9 割にあたる 18 校が看護・保険医療・福祉系の学部を設置している。

　県内出身者が最も低いのが 40％ -50％で 20 校。一方、20％以下は 8 校で、一番低いのが福知山公立大学の 9.8％。次いで国際教養大学の 12.8％、奈良県立大学の 13.9％、都留文科大学の 14.3％、公立鳥取環境大学の 15.7％となっている。

　分野でみると、文系の学部だけの大学や芸術系の大学が低くなっている。なお、学部別にみると、最も県内出身者割合が高いのは札幌医科大学の保健医療学部で 96.7％、一方、最も低いのは公立鳥取環境大学の環境学部で 5.0％となっている。

　次に学部の系列別に県内出身者の割合について 2019（令和元）年のデータを用いて分析を行った。学部の系列別については、基本的には公立大学協会の分類を参考にしたが、一部異なるものもある[4]。

　表 11 によれば、家政系の流れをくむ生活系が 61.9％と最も高く、次いで看護・保健医療・福祉系が 61.1％となっている。一方、最も低いのが芸術系で33.8％、以下、社会科学系、人文科学系と続く。

　これらのデータの大学ごとの散らばり具合を示したのが図 12 の箱ひげ図[5]である。これによれば、看護・保健医療・福祉系と生活系は全体の平均ではほぼ同じだが、生活系は比較的県内出身者の割合の散らばりが小さいのに対して、看護・保健医療・福祉系では最大が 96.7％、最小が 28.0％と散らばりが大きくなっている。

　また、社会科学系と人文科学系、理工系と芸術系と医歯薬、情報系とその他が、それぞれ散らばりの傾向が比較的似ていることがみてとれる。

表11　学部系列別の県内出身者割合

学部系列	割合（%）
看護・保健医療・福祉系	61.1
社会科学系	40.2
理工学系	42.7
人文科学系	40.6
芸術系	33.8
医歯薬	40.8
情報系	44.4
生活系	61.9
その他	44.3

出典：文部科学省「令和元年度学校基本調査」（2019年）をもとに筆者作成。

① 看護等　② 社会　③ 人文　④ 理工　⑤ 芸術
⑥ 医歯薬　⑦ 情報　⑧ 生活　⑨ その他

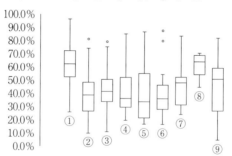

図12　学部系列別の県内出身者割合（箱ひげ図）

出典：文部科学省「令和元年度学校基本調査」（2019年）をもとに筆者作成。

3　各都道府県における大学進学の状況

　47都道府県の中で、公立大学がないのはこれまでも述べてきたように、栃木県、徳島県、佐賀県、鹿児島県の4県だけである。これらの県では、国立

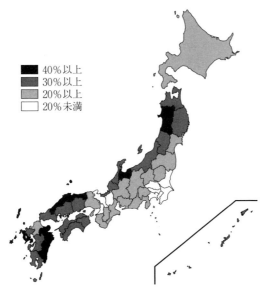

凡例：
40％以上
30％以上
20％以上
20％未満

図13　大学進学者に占める国公立大学入学者の割合

出典：文部科学省「令和元年度学校基本調査」（2019年）をもとに筆者作成。

大学や私立大学に看護系学部が設置され、県内で一定程度人材の養成は行われているため、1990年代以降、看護人材の育成のために公立大学を新たに設置する必要はないと判断したものと考えられる。

　公立大学の存在意義は様々なところから問われるが、村田が『公立大学の研究―地域社会とユニバーサリズム』でいう地域社会志向の観点からは、地方における高等教育機関として、地域社会の将来を担う18歳人口にとってどのような存在であるのかが重要なポイントとなる。ここでは、都道府県ごとに定量的に把握することを通じて、地域によって状況が相当程度異なっていることを明らかにする。

　その前に、2019（令和元）年における各都道府県の大学進学者に占める国公立大学の割合を明らかにした。

　図13が示すように、国公立大学への進学割合は日本海側や九州、中国、四国で高く、首都圏や関西で低くなっている。長崎県が44.5％と最も高く、鳥

取県、島根県、秋田県、大分県、宮崎県、富山県の7県が40％を超えている。一方、神奈川県が8.5％と最も低く、埼玉県、千葉県の合わせて3県が10％を切り、東京都も10.3％と1都3県では大学進学者の10人に9人が私立大学となっている。

　このように、私立大学と国公立大学の進学状況は地域によってかなり異なっている。次に、公立大学を持つ43都道府県において、公立大学がどのような存在感を示しているのかについて、県内の大学入学者数に占める割合や、県内出身者の割合などのデータから、その立ち位置を示すこととする。

　公立大学の立ち位置を明らかにする前に、まずは各都道府県における大学進学の状況について簡単に述べる。

　都道府県ごとの大学進学率は大きく異なっている。「令和元年度学校基本調査」によれば、2019（令和元）年の全国の大学進学率は49.8％、このうち男性が50.6％、女性が49.0％となっている[6]。都道府県の中では、東京都の63.0％が最も高く、京都府の60.9％、広島県の57.2％、神奈川県の56.9％と続く。一方、最も低いのが鹿児島県の32.1％で、次いで沖縄県の35.8％、鳥取県の36.1％、山口県の36.8％となっている。

　都道府県別大学進学者収容力についても、地域差が顕著である。各県の大学入学定員を分子に、各県に所在する高校の卒業者のうち大学進学者の数を分母にする場合が多いが、ここでは定員ではなく実際の入学者数を分子とした。

　図14によれば、最も収容力が大きいのが京都府の212.4％で、次いで東京都の193.8％ととびぬけて高くなっている。私立大学が京都府や東京都に多数立地していることでこのような状況になっているのである。

　3番目が宮城県の120.7％で、以下、石川県、福岡県、大阪府、愛知県、神奈川県、滋賀県、岡山県と続く。これらの10都府県では収容力が100％を超えている。10都府県は、自都府県内出身で大学進学した者よりも自都府県内に在籍する大学生の数が多いということになる。このデータからもわかるように、大学が大都市部に（過度に）集中していることは明らかである。

　一方、最も収容力が小さいのが和歌山県の41.3％、次いで三重県の42.8％、長野県の43.8％と続く。4番目が福島県で、香川県、茨城県、佐賀県、静岡県が50％を切っている。

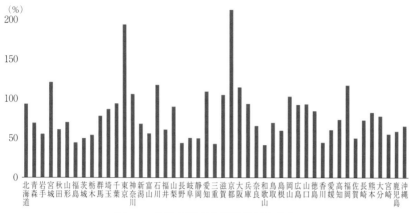

図14　都道府県別大学進学者収容力

出典：文部科学省「令和元年度学校基本調査」（2019年）をもとに筆者作成。

　これらの県のうち、和歌山県は大阪府、三重県は愛知県、福島県は宮城県、香川県は岡山県、茨城県は東京都、佐賀県は福岡県、静岡県は愛知県や神奈川県といったように、県内の一部の地域ではあるが隣県への通学が在来線で可能となっている。これに対して、長野県は在来線で隣県の大学への通学はほとんど不可能である。広域的にみれば、長野県が最も大学収容力が低い、すなわち、高校生にとってみれば、最も地元に残って大学に進学することが困難な県という見方もできるだろう[7]。

4　都道府県内大学入学者数に占める公立大学の割合

　公立大学を持つ43都道府県における公立大学の量的な意味で存在感を示すデータが、都道府県内大学入学者数に占める公立大学入学者数の割合である。
　2019（令和元）年の大学入学者数は、63万1,273人、そのうち5.3％に当たる3万3,712人が公立大学への入学者だった。都道府県の中では、高知県が42.1％と突出して高い。2018（平成30）年までは高知県内には国立の高知大学のほか、公立の高知県立大学と高知工科大学しかなかった。2019（令和元）

年に私立の高知リハビリテーション専門職大学が、2020（令和2）年には同じ
く私立の高知学園大学が開学しているものの、学生数では依然として4割以
上が2つの公立大学で占められている。このように、高知県においては、他
県に比べて公立大学が果たす役割が極めて大きくなっているという特徴があ
る[8]。

　公立大学の比率が次いで高いのが秋田県の32.9%となっている。秋田県に
は国際教養大学、秋田県立大学、秋田公立美術大学の3つの公立大学がある。
この中で最初に開学したのが秋田県立大学で1999（平成11）年、その後、2004
（平成16）年に国際教養大学、2013（平成25）年に秋田公立美術大学が相次い
で開学している。秋田県も高知県同様、公立大学の存在感は大きくなってい
る。3番目に高いのが島根県、以下、山口県、山梨県、長野県となっている。

　これらの県のうち、山梨県以外は大学進学率が全国平均を大きく下回って
いる。2019（令和元）年に関しては、高知県が41.5%、秋田県が38.6%、島根
県が40.1%、山口県が36.8%、長野県が40.0%となっている。

　この点に関しては、大学進学率が低いので、公立大学の新設に地方自治体
が熱心だったという見方もできるだろうが、一方で、他県に比べると県内に
国立・私立大学が少なく、相対的に公立大学の比率が上がっているという見
方もできるだろう。いずれにしても、大学進学率の低い県はおおむね県内大
学入学者数に占める公立大学入学者数の割合が高いという傾向にある。両者
の関係をみると、相関係数は−0.371となり、弱いながら負の相関[9]がある。

5　都道府県内公立大学入学者数に占める県内出身者の割合

　図15は、横軸に都道府県内の公立大学入学者数を分母に、都道府県内の公
立大学に入学した県内出身者数を分子にした比率を示し、縦軸は国立・私立
大学に関して同様に算出して示したものである。

　ここでは、47都道府県中、公立大学がない4県と、公立大学があっても看
護系、栄養系の大学だけしかない8県[10]を除いた35都道府県を対象とした。
これは高校の卒業生がどれだけ高校所在地の都道府県内の大学に進学したか

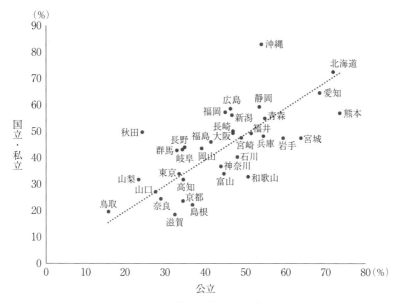

図15　県内出身者の割合

出典：文部科学省「令和元年度学校基本調査」（2019年）をもとに筆者作成。

について、公立と国立・私立の関係を示したものである。両者の相関係数は
0.703と強い相関がある[11]。

　大学全体での出身都道府県の大学へ進学した者の割合は43.0％で、公立大
学に限定すると45.7％、国立・私立では42.8％、両者の差はあまり大きなも
のではない[12]。すなわち、全体でみると公立大学は、入学者の地域社会志向
に関しては一般に考えられているほどには高くないということがいえるだろう。

　都道府県ごとに細かくみると、地元公立大学における県内出身者の割合が
最も高いのは熊本県の73.5％、次いで北海道の71.9％、愛知県の68.5％、宮
城県の63.8％と4道県が6割を超えている。一方、最も低いのが鳥取県の15.7
％、次いで山梨県の23.4％、秋田県の24.3％、山口県の27.6％、奈良県の28.9
％と5県が3割以下となっている。

　また、地元公立大学における県内出身者の割合のほうが国立・私立よりも
高いのが17府県となっている。両者の差（公立―国立・私立）が最も大きい

のが和歌山県の17.8ポイントで、熊本県、宮城県、島根県と続く。

　一方、国立・私立のほうが高いのは18都道府県、両者の差が最も大きいのが沖縄県の29.2ポイントで、秋田県、広島県、福岡県と続く。

　第3章でも触れたように、看護系学部では県内出身者の割合が他学部よりも高い。たとえば、公立大学と国立・私立大学の県内出身者の割合の差が最も大きい和歌山県の場合は国立の和歌山大学ではなく、和歌山県立医科大学に保健看護学部がある。

　国立・私立大学と公立大学の県内出身者の割合の差が最も大きい沖縄県の場合、国立・私立大学の地元出身者の割合が83.1％と飛びぬけて高いために、差が大きくなっているのであり、公立大学の県内出身者の割合も53.9％と全体では8番目に高くなっている。

　一方、公立大学の入学者に関する地域社会志向が国立・私立大学に比べて実質的に最も低いのが秋田県である。国立・私立大学の地元出身者の割合は49.8％と2人に1人となっているが、公立大学では4人に1人弱である。前節でも触れたように、県内大学における公立大学のシェアは高知県に次いで高いにもかかわらず、県内出身者の割合は下から3番目となっている[13]。

　ほとんどの公立大学では推薦入試などで、地元枠など一定程度地元出身者を優遇する措置を行っているが、それにもかかわらず国立・私立大学とあまり変わらないような地元出身者の割合となり、県によっては国立・私立大学よりも大きく下回っている状況になっていることからすれば、公立大学に対して、わざわざ地域社会志向という点を問題視することはないと思われる。むしろ、地元枠などを設けることで、ようやく地元の国立・私立大学と同じような水準を保っているという見方のほうが現実を示しているということではないだろうか。

6　大学生の家庭の経済状況

　学生の標準的な生活状況の把握のために、2年に1度程度[14]実施されているのが「学生生活調査」[15]である。2002（平成14）年度までは文部科学省が実

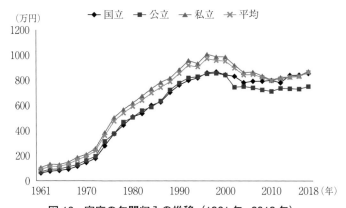

図 16　家庭の年間収入の推移（1961 年 -2018 年）

出典：文部科学省及び日本学生支援機構「学生生活調査」各年版をもとに筆者作成。

施主体であったが、2004（平成 16）年からは日本学生支援機構に業務が移管されている。この調査では、学生生活費や学生のアルバイト従事状況などのほか、家庭の経済状況についても対象となっている。

　直近では 2018（平成 30）年 11 月に実施したものが、2020（令和 2）年 6 月に公表されている[16]。ここでは、国立、公立、私立ごとに家庭の年間収入の平均や分布状況が細かく示されている。

　本書では、過去に遡って可能な限り大学生の家庭の年間収入の状況を調べ、1961（昭和 36）年以降 31 調査時点[17]のデータ[18]を入手した。

　1961（昭和 36）年から 2018（平成 30）年までの家庭の年間収入の推移を示したのが図 16 である。家庭の年間収入は 1990 年代後半までは伸び続けていて、20 世紀の間は私立大学の学生の家庭が常に年間収入が一番高くなっている。国立大学と公立大学を比べるとその差は大きくはないが、概ね公立大学のほうが高くなっていた。また、このグラフの山は 1990-2000 年頃で、その後、2000（平成 12）年以降になると概ね横ばいとなっている。

　次に、大学生全体の家庭における平均収入を 100 とした場合の推移を示したのが図 17 である。図 16 に比べると、国立、公立、私立の家庭の年間収入の変化がより鮮明に示されている。

　これによれば、1960 年代には私立大学の学生の家庭の年間収入は平均より

図17　平均を100とした家庭の年間収入の推移（1961-2018年）

出典：文部科学省及び日本学生支援機構「学生生活調査」各年版をもとに筆者作成。

も10％以上高く、一方、国立大学は70％、公立大学は80％前後のレベルで推移していたが、1970年代以降、私立大学との格差は縮まり始め、国立大学の水準が高まり、1978（昭和53）年に初めて80％を超え、公立大学とほぼ同水準となり、1994（平成6）年に初めて90％を超えるようになる。

　このように、大学生を持つ家庭の年間収入に関しては、1960年代には私立＞公立＞国立と私立大学の学生の家庭が最も裕福で、国立大学の学生の家庭は公立大学の学生の家庭よりも収入が低く、私立大学の3分の2にも満たない水準だった。

　1966（昭和41）年には国立大学の学生の家庭における平均年間収入は92万4,700円だったのに対して公立大学のそれは111万6,200円、公立大学のほうが20％以上も高かった。

　これは、1960年代における公立大学の半数近くが東京、大阪、名古屋の三大都市圏に位置し、しかも、東京都立大学、大阪市立大学など学生数が多い大学があるため、結果として大都市圏の公立大学に在籍する学生が過半数を占めていたことも影響していると考えられる。このほか、後述するように、1970年代前半までは、国立大学よりも授業料が高い公立大学が多かったという事情も影響していると考えられる。

　一方、国立大学の場合は全国各地に比較的分散して設置されており、地方

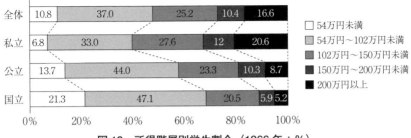

図 18　所得階層別学生割合（1966 年：%）

出典：文部省『厚生補導』（1967 年）をもとに筆者作成。

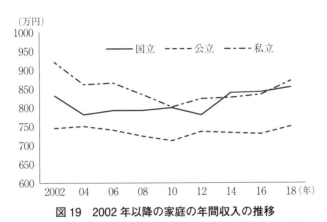

図 19　2002 年以降の家庭の年間収入の推移

出典：文部科学省及び日本学生支援機構「学生生活調査」各年版をもとに筆者作成。

出身の学生は公立大学よりも多かったと推察される。相対的に所得層の高い大都市部出身の学生の割合については、国立大学より公立大学のほうが高く、その結果、このような状況になっていたのだろう。

　1966（昭和 41）年における国立、公立、私立の大学生の家庭における所得階層別学生割合は図 18 のとおりである。これによれば、最も少ない 54 万円未満が国立では 2 割を超えているのに対して、最も多い 200 万円以上では私立が 2 割を超えている。このように半世紀以上前は、苦学生≒国立大学生であったことは明らかである。

　その後、1980（昭和 55）年以降は私立＞公立≒国立となり、21 世紀に入る

と国立大学は公立大学を引き離し、私立大学の学生の家庭における年間収入に近づくこととなる。

2002（平成 14）年以降の状況を詳しく示したのが図 19 である。私立大学は 2010（平成 22）年まで収入が下がり続けているが、国立大学はこの間、ほぼ横ばいで 2010（平成 22）年には私立大学との差がわずか 2 万円となる。その後、2014（平成 26）年に国立大学が 839 万円と私立大学の 826 万円よりも初めて 13 万円上回った。

2016（平成 28）年も国立大学では 841 万円となり、私立大学の 834 万円を上回った。なお、2018（平成 30）年は国立大学の 854 万円に対して私立大学が 871 万円と 17 万円高くなっている。

一方、公立大学はこの間、712 万円から 750 万円の間を行き来している。すなわち、家庭の年間収入に関しては、21 世紀に入り、私立＞国立＞公立となり、最近では私立≒国立＞公立という状況となっている。

私立と公立を比べると、2002（平成 14）年にその差が 175 万円と最大となり、その後、格差は縮まる傾向にあったが、2016（平成 28）年以降は再び 100 万円以上の差となっている。また、国立と公立の格差も 2000（平成 12）年には各々 843 万円と 841 万円とその差はわずか 2 万円だったが 2002（平成 14）年には 86 万円と大幅に開いている。しかも 2014（平成 26）年以降は 100 万円以上の差となっている。

近年における国立と公立の格差については、主として国立側の事情と考えられること[19]以外に、公立側の事情としては看護系の大学、学部が 1990 年代以降各地で設立されたことも一因としてあると思われる。

2019（令和元）年現在の公立大学における看護系の学部・学科に在籍する学生数は 16,240 人で全体の 11.7％を占めている。これらの学部や学科のほとんどは、1980 年代以前は看護系短期大学ないし専門学校だった。

一方、4 年制大学に比べると短期大学に在学する学生の家庭の年間収入は低くなっている。たとえば、2018（平成 30）年の「学生生活調査」によれば、4 年制大学の平均では 862 万円となっているのに対して、短期大学の平均は 640 万円と 222 万円の開きがある。「学生生活調査」では学部区分ごとの年間収入は示されていないが、看護系学部に在籍する学生の家庭の年間収入は平

表 12　家庭の年間収入別学生数の割合 (2018 年)

区分	家庭の年間収入															計	(参考)年間平均収入額
	200万円未満	200~300	300~400	400~500	500~600	600~700	700~800	800~900	900~1,000	1,000~1,100	1,100~1,200	1,200~1,300	1,300~1,400	1,400~1,500	1,500万円以上		
国立	4.2	(8.6) 4.4	(14.9) 6.3	(21.8) 6.9	(30.3) 8.5	(39.7) 9.4	(50.3) 10.6	(61.4) 11.1	(69.5) 8.1	(78.9) 9.4	(83.2) 4.3	(87.8) 4.6	(90.6) 2.8	(92.1) 1.5	(100.0) 7.9	100.0	8,540
公立	5.6	(10.9) 5.3	(18.4) 7.5	(28.0) 9.6	(38.6) 10.6	(50.2) 11.6	(60.0) 9.8	(70.5) 10.5	(78.5) 8.0	(85.2) 6.7	(89.1) 3.9	(92.1) 3.0	(93.8) 1.7	(95.1) 1.3	(100.0) 4.9	100.0	7,500
私立	4.8	(9.3) 4.5	(15.1) 5.8	(22.4) 7.3	(32.0) 9.6	(42.8) 10.8	(53.3) 10.5	(63.6) 10.3	(71.6) 8.0	(80.3) 8.7	(84.3) 4.0	(87.8) 3.5	(90.2) 2.4	(91.9) 1.7	(100.0) 8.1	100.0	8,710
平均	4.7	(9.2) 4.5	(15.2) 6.0	(22.5) 7.3	(32.0) 9.5	(42.6) 10.6	(53.1) 10.5	(63.5) 10.4	(71.5) 8.0	(80.2) 8.7	(84.3) 4.1	(88.0) 3.7	(90.4) 2.4	(92.1) 1.7	(100.0) 7.9	100.0	8,620

注：( ) は、家庭の収入階層別学生数の割合の累計を示す。年間平均収入額は千円単位
出典：日本学生支援機構「平成 30 年度学生生活調査」(2020 年)。

均よりは一定程度低いものと推測できる。

　これらのデータから、少なくとも公立大学の学生に関しては、私立大学に比べて低廉となっている国立大学とほぼ同額の学費としていることの正当性は十分説明できると考えられる。

　表 12 によれば、公立大学の場合、収入が 700 万円未満の家庭が 50.2％と半数を超えているが、国立や私立の場合は 800 万円未満となってそれぞれ 50.3％、53.3％と初めて過半数となっている。一方、年間収入が 1,000 万円以上の家庭の割合は、国立が 30.5％、私立が 28.4％であるのに対して、公立では 21.5％にとどまっている。

　すなわち、相対的に所得の高くない層の家庭の子供に対して高等教育を受ける機会の割合については、公立大学は私立大学や国立大学より多く提供しているということが改めて明らかになったのである。

　公立大学に通う学生の家庭の年間収入の平均は国立、公立、私立をすべて含めた平均収入の概ね 90％以下となっている。最も高かったのは 1994 (平成 6) 年の 91.4％であり、21 世紀に入っては、2012 (平成 24) 年の 90.6％が唯一 9 割を超えているに過ぎない。

　その一方で、ここ数年の国立大学に通う学生の家庭の年間収入の平均が私立のそれを凌ぐような状況は、多くの税金で国立大学の運営が賄われているということに対して、見直しをすべきという議論をさらに惹起することにな

88

表 13　家庭の年間平均収入額の男女別
　　　比較（2018 年）

	全体	男	女
国立	8,540	8,560	8,520
公立	7,500	7,470	7,520
私立	8,710	8,750	8,680

注：単位は千円。
出典：日本学生支援機構「平成 30 年度学生生活調
　　　査」（2020 年）。

　る可能性は少なからずあるとも考えられる。

　「学生生活調査」では示されていないが、もし、学部ごとのクロス分析を行うことが可能であれば、特に、国立の医学部や理工系学部に通う学生の家庭の年間収入は、国立全体の平均よりもさらに高いのではないだろうか。

　年間収入が相対的に高い家庭では、子供が通う塾や私立の有名中高への進学など教育費により多くのお金をかけ、結果として難易度の高い国立大学の医学部や理工系学部などに進学する割合が高くなっていると様々なところで指摘がされているが[20]、これがより客観的に立証されれば、国立大学における学費そのもののあり方はもちろんのこと、学部ごとの学費が同額となっていることについても当然見直すべきという議論を引き起こすことになるのではなかろうか。

　なお、男女の差に関しては、国立、公立ともあまり大きくなく、私立に関しては女子の進学率が低い時代にはむしろ女子の家庭の年間収入の方が大幅に多かった[21]。現在では、女子の進学率が高くなったことなどもあって、私立大学も含めてその差は大きくはない。たとえば、2018（平成 30）年の「学生生活調査」では、表 13 のようになっていて男女の差はそれぞれ 10 万円未満となっている。

　いずれにしても、家庭の経済環境という面では、国公立とひとくくりに論じるのはもはや適当ではない状況となっていることをこれらのデータは示しているのである。

　このように、今や経済状況がかならずしもよくない家庭の学生にとって、公立大学の存在は貴重なものとなっているといえよう。すなわち、地域社会を

支えるセーフティネットの役割の一端を高等教育の分野において公立大学が一定程度果たしていると評価できるのである。

7　授業料と入学料の格差

　地方自治体の公の施設の利用などに伴う使用料等については、住民とそれ以外では異なる設定を行うことも一般的に認められている。たとえば体育館について、市民が利用する場合に比べて市民以外が利用する場合の使用料をある程度（たとえば 2 割程度）高めに設定するといった具合である。

　公立大学は公の施設ではないが、ほとんどの大学で入学料に関しては区域内と区域外の場合で差を設けている。一方、授業料については基本的に差を設けているところはない。ここでは 2019（令和元）年度時点における 93 公立大学の授業料、入学料の状況について調査を行った[22]。

　授業料については、国立大学に合わせているところが多い。国立大学については、国立大学等の授業料その他の費用に関する省令（文部科学省令第 16号）第 2 条に授業料の年額や入学料、検定料の標準額が定められていて、これによれば、53 万 5,800 円とされている。これはあくまで標準の額であって、大学の判断で 2 割まで上乗せできるとされている[23]。

　93 大学のうち、82 大学が国立大学の標準額と同額で、東京都立大学など 5大学[24]が 2004（平成 16）年度時点の標準額の 52 万 800 円のまま据え置いている。このほか、新見公立大学が 48 万 6,000 円と最も低く、残りの 5 大学[25]は標準額よりも高くなっている。このうち、最も高いのが国際教養大学の 69万 6,000 円となっている。

　このように国立大学に比べると若干バラエティに富んでいるともいえるが、元来は公立大学の授業料に関しては大学によって、また、時代によって大きく異なっていた。おおまかにいえば、戦後まもなくは国立よりも安かったが、地方財政の悪化とともに最低でも国立大学並みで、なかには国立大学の 4 倍というところもあった。それが 1972（昭和 47）年度に国立大学の授業料が大幅に上がって公立大学よりも高くなったが、1985（昭和 60）年度以降は基本

表14 入学料のパターン

域内 (円)	域外 (円)	域外と域内の 差額 (円)	域外／域内 (倍)	大学数
125,000	250,000	125,000	2.0	1
141,000	282,000	141,000	2.0	15
141,000	366,600	225,600	2.6	2
141,000	423,000	282,000	3.0	1
150,000	300,000	150,000	2.0	1
156,600	313,200	156,600	2.0	1
166,000	332,000	166,000	2.0	1
169,200	282,000	112,800	1.7	1
176,000	352,000	176,000	2.0	1
176,500	353,000	176,500	2.0	1
182,000	282,000	100,000	1.5	1
188,000	282,000	94,000	1.5	6
188,000	376,000	188,000	2.0	1
197,400	366,600	169,200	1.9	1
207,000	414,000	207,000	2.0	1
211,500	423,000	211,500	2.0	1
222,000	382,000	160,000	1.7	1
225,600	338,400	112,800	1.5	2
226,000	310,000	84,000	1.4	1
226,000	338,000	112,000	1.5	2
229,000	335,000	106,000	1.5	1
232,000	332,000	100,000	1.4	3
242,000	302,000	60,000	1.2	1
253,800	423,000	169,200	1.7	1
282,000	282,000	0	1.0	6
282,000	382,000	100,000	1.4	1
282,000	394,800	112,800	1.4	1
282,000	423,000	141,000	1.5	17
282,000	470,000	188,000	1.7	1
282,000	482,000	200,000	1.7	1
282,000	493,000	211,000	1.7	1
282,000	504,000	222,000	1.8	1
282,000	512,000	230,000	1.8	2
282,000	520,000	238,000	1.8	3
282,000	564,000	282,000	2.0	8
282,000	752,000	470,000	2.7	1
282,000	802,000	520,000	2.8	1
282,000	846,000	564,000	3.0	1

出典：各大学のホームページをもとに筆者作成。

的に国立大学と公立大学の授業料は同額となった[26]。なお、授業料に関して区域内と区域外の学生に差をつけている大学は現時点ではない。

　一方、入学料については様々なパターンがみられる。国立大学の標準額は 28 万 2,000 円、域内、域外の学生ともにこれに揃えている公立大学も 6 つあるが、ほとんどは域内の学生の入学料を低く、域外の学生の入学料を高く設定している。

　これを一覧にしたのが表 14 である。入学料のパターンは、38 にも及ぶ。このうち最も多いのが、域内の学生が国立大学の標準額、域外の学生が標準額の 1.5 倍で 17 校、次いで域内の学生が標準額の半額で、域外の学生が標準額とするのが 15 校、域内の学生が標準額、域外の学生が標準額の 2 倍で 8 校、域外の学生が標準額で域内の学生がその 3 分の 2 が 6 校となっている。

　また、どの公立大学も域内の学生については標準額以下となっていて、域内を標準額と同額としているのは 45 大学で半数近くとなっている。域内と域外では同額から 3 倍までの範囲となっている。域内と域外の差が 1.5 倍となっているのが 29 大学、2 倍となっているのが 32 大学である。

　入学料のパターンは様々であるが、このように、ある程度類型化をすることが可能である。これは各大学（地方自治体）が他の大学の状況を参考にしつつ入学料を決めている、即ち横並びを重視しているということが考えられる。

　多くの場合、設置主体が同じ地方自治体の公立大学におけるパターンは同じであるが、異なるケースも一部ある。また、群馬県のように 3 つの設置主体による 4 公立大学がすべて同じパターンとなっているケースもある。

　このほか、青森公立大学[27]のように、学生の出身地に応じて 3 つに分けるところもあれば、3 つの公立大学[28]のように医学部（科）と看護学部（科）で分けるケースもある。

　域内と域外の入学料の差は最大で 56 万 4,000 円、上位 3 校はどれも医科大学であり、6 年の修業年限を考慮して 1 年当たりに換算すれば 10 万円未満となっている。

8　同一授業料の是非

　このように、我が国の公立大学に関しては、授業料はもちろんのこと、入学料に関しても、修業年限を考慮して年割で計算すれば域内と域外では決して大きな差がついているわけではない。これに対してアメリカの公立大学、特に州立大学に関しては州出身者とそれ以外では授業料などで大きな差がつけられている。アメリカにおける4年制の公立大学の平均では、親または本人が居住している州で州税を納付した場合の授業料は6,585ドルであり、この額は日本の国立大学と私立大学の授業料のほぼ中間に位置する[29]とされている。

　また、他の州の州立大学に進学する場合は、3倍弱に跳ね上がり、1万7,452ドルとなる[30]。個別にみると、ミシガン大学は、州内学生の授業料1万447ドル、州外学生3万1,301ドルと州外学生にとって私立大学の授業料と変わらなくなる[31]ケースもあれば、カリフォルニア大学ロサンジェルス校は、州内学生7,038ドル、州外学生2万6,658ドルと4倍近い開きになっている[32]。インターネット上でも2倍から2.5倍程度と表記するものが少なくない。

　日本とアメリカは、当然のことながら大学を巡る環境は異なり、国家形態に関しても単一主権国家と連邦制国家の違いがある。しかしながら、アメリカのような域内と域外の格差が認められるとした場合、格差が2.5倍であれば、域内学生と域外学生の比率が1:1とすると域内学生の授業料が30万円、域外学生の授業料が75万円（域内の2.5倍）とすれば全員が標準額（53万5,800円）とした場合とほぼ同額の総授業料が確保できる[33]。あるいは2倍であれば同様に試算すると域内学生の授業料が35万円、域外学生の授業料が70万とすれば同様となる[34]。

　域外の学生の授業料が70万円ないし75万円としても一般的な私立大学の授業料よりは安くなる。この程度の格差は公立大学が地方自治体によって運営されていることからすれば、許容されてもいいと考えるべきではないだろうか。

　このほか、国立大学にも共通する課題として基本的に全学部の授業料が同額に設定されているということがある[35]。地方交付税の単位費用が学系によって大幅に違っていることからも、また、私立大学において学部毎の授業料が同様に異なっていることからも、教育研究に係る経費を学生1人当たりで算出すれば、医歯学系＞理工系＞人文科学系＞社会科学系となることは明らかである。

　医歯学系が地域医療に多くの人材を輩出していることは疑いもない事実ではあるが、他学部と同額の授業料を今後も維持することは教育にかかる経費の負担という側面で合理性を欠き、また、人文科学や社会科学を学ぶ学生からすれば不公平感を抱き続けるのは当然のことだろう。

　もちろん、単位費用の算出に基づいて厳密に学部ごとの授業料を算出すべきということではない。たとえば、社会科学系は現行より−10万円程度、人文科学系は現状どおり、理工系は＋15万円程度、医歯学系は＋30万円程度としても受験生が大幅に少なくなるということは考えにくい。また、地方自治体にとって人材確保の必要性が高い看護系は単位費用では理工系を上回っているが、現状維持ということも政策的には考えられるだろう。

　域内、域外だけでなく、学部ごとに異なる授業料を徴取する取組みを実現するためのハードルは高い。当然のことながら、授業料がアップする学部の教員や関係者などから強い反対の声が上がることは想像に難くない。現実的には、国立大学の標準額が上がる際に現状維持の学部と上げる学部を分けるというほうが導入も幾分は容易であるかとは思われるが、実際に標準額がいつ上がるのか、明らかではなく、また、国の動き待ちでは、地方分権時代の地方自治体の対応としては批判も生じるだろう。

　もしかすると、国立大学よりも一足早く、この現状がいわゆる改革派首長の目に留まり、「同一大学内はどの学部も同一授業料」という壁が公立大学から打ち破られるのかもしれない[36]。

注

1) 学部だけでなく、大学院の入学者も含まれている。

94

2) 当然のことながら、域内者の割合よりも同一都道府県内の出身者の割合のほうが高くなる。

3) 札幌医科大学の入試では一般入試の北海道医療枠と推薦入試の地域枠が設けられ、卒業後9年間は独自のプログラム「北海道医療枠卒後必修プログラム」で研修することが義務付けられており、志願者は、この卒後必修プログラムへの従事を確約した者のみとされていることから、他大学の医学部に比べて県内出身者割合がとても高くなっている。この制度は自治医科大学のものと似ている。

4) たとえば、公立大学協会では、横浜市立大学データサイエンス学部を看護・保健医療・福祉関連系に分類しているが、ここでは情報関連系とした。

5) 箱ひげ図は、最大値・最小値・四分位数の情報を表現したグラフであり、ここでは外れ値は○で示している。

6) 短大等を含めると、男性51.6%、女性57.8%と女性のほうが高くなる。

7) さらにいえば、県庁所在市間の比較では、2003年に清泉女学院大学が開学するまで長野市には18歳の学生が入学する4年制大学はなかった（信州大学教育学部と工学部は長野市にキャンパスを持つが、大学1年生は松本キャンパスで学ぶため、いわゆる18歳が学ぶ大学という意味では清泉女学院大学が最初だった。なお、女子大のため〔ただし2020年に設置された看護学部は共学〕、18歳の男子が学ぶ大学に関しては2015年の長野保健医療大学の開学を待たなければならなかった）。これは47都道府県で最も遅い。

8) このほか、大学に進学した者のうち公立大学の割合を都道府県別にみると、高知県が14.5%（高知県の高校出身者で大学に進学した者のうち、7人に1人が公立大学）で最も高く、次いで、島根県（13.4%）、岩手県（13.0%）、山口県（11.9%）、福井県（11.5%）、青森県（11.1%）、富山県（11.0%）、鳥取県（10.7%）、長崎県（10.5%）、秋田県（10.2%）の10県が10%を超えている。一方、最も低いのが千葉県（1.1%）で、東京都（1.3%）、埼玉県（1.6%）、神奈川県（2.2%）と首都圏で低くなっている。全国平均では5.3%だが、首都圏の1都3県と愛知県、京都府、大阪府、兵庫県を除いた39道県に限ると10.4%と約1割が公立大学生となる。地方の方がより公立大学の存在感が大きいということは入学者の割合からも示されている。

9) ここでは相関係数が±0.3以上を弱い相関があるとした。

10) 山形県、茨城県、千葉県、埼玉県、三重県、香川県、愛媛県、大分県の8県である。

11) ここでは、相関係数が±0.7以上を強い相関があるとした。

12) 公立大学協会50年史編纂委員会編『地域とともにあゆむ公立大学—公立大学協会50年史』一般社団法人公立大学協会、2000年、190頁によれば、1988（昭和63）年度から1998（平成10）年度までの間、公立大学における県内出身者の

割合は 40.8％から 44.3％の間で推移し、2019（令和元）年度との差はあまりない。一方、同時期、国立大学は 33.2％から 35.8％、私立大学は 35.0％から 37.7％で推移し、2019（令和元）年度に比べると県内志向は低くなっていた。

13）秋田県内の公立大学における県内出身者の割合（2019〔令和元〕年度）は、国際教養大学が 12.8％、秋田公立美術大学が 20.8％、秋田県立大学が 29.5％とすべて 3 割以下となっている。

14）1960 年代前半は必ずしも 2 年に 1 回の実施ではなかったが、1966（昭和 41）年以降は 2 年に 1 回の実施となっている。

15）全国の学生を対象として、学生生活状況を把握することにより、学生生活の実状を明らかにし、学生生活支援事業の充実のための基礎資料を得ることを目的として実施されていて、国立、公立、私立大学を対象に無作為抽出方法によって対象者を抽出している。

16）全国の学生 296 万 8,471 人の中から 9 万 4,998 人を調査対象とし、回収率 45.7％、有効回答数は 43,394 人となっている。

17）1961（昭和 36）年、1963（昭和 38）年、1965（昭和 40）年、1966（昭和 41）年、1968（昭和 43）年、以降 2 年ごとで 2018（平成 30）年までである。

18）データの出典は、古い順に、文部省『厚生補導』10 号、1967 年、71 頁　同 16 号、1967 年、73 頁、同 42 号、1969 年、18 頁、同 68 号、1972 年、41 頁、文部省『大学と学生』212 号、1983 年、70 頁、同 240 号、1986 年、70 頁、同 267 号、1988 年、70 頁、同 289 号、1989 年、78 頁、同 316 号、1992 年、124 頁、同 343 号、1994 年、124 頁、同 369 号、1996 年、124 頁、同 390 号、1997 年、125 頁、同 422 号、2000 年、125 頁、日本学生支援機構『大学と学生』474 号、2004 年、127 頁及び日本学生支援機構「学生生活調査」https://www.jasso.go.jp/about/statistics/gakusei_chosa/index.html（2020 年 9 月 3 日最終閲覧）である。

19）国立と私立の格差が減った一因として、国立大学の学費が私立大学に比べて著しく安いということが問題視され、値上げが続いたことが挙げられる。1975（昭和 50）年に 3 万 6,000 円だった国立大学の授業料は、翌年には 9 万 6,000 円と 2.6 倍以上となり、その後も値上げを続け、30 年後の 2005（平成 17）年には 53 万 5,800 円と約 15 倍になった。文部科学省「国立大学と私立大学の授業料等の推移」https://www.mext.go.jp/b_menu/shingi/kokuritu/005/gijiroku/attach/1386502.htm（2021 年 3 月 31 日最終閲覧）。

20）たとえば、2016（平成 28）年、2018（平成 30）年における東京大学の学生の家庭の 60％以上が年間収入 950 万円以上という調査結果が示されている。東京大学学生委員会学生生活調査 WG「2018（平成 30）年（第 68 回）学生生活実態調査報告書」

https://www.u-tokyo.ac.jp/content/400131322.pdf（2020年9月4日最終閲覧）。このように、より難易度が高いとされる国立大学の学生の家庭の平均収入のほうが他大学に進学した学生よりも高いと推測される。ちなみに2018（平成28）年の学生生活調査では、年間収入の区分が異なるため、単純な比較はできないが、国立大学の学生の家庭の年間収入が900万円以上の割合は38.6%と60%を大きく下回っている。

21) たとえば、1984（昭和59）年では、家庭における年間収入は私立大学の男子が689万6,000円、女子が836万2,000円と146万6,000円も女子が多かった。文部省『大学と学生』240号、1986年、44-45頁。さらに、1966（昭和41）年に遡ると、国立大学の男子が92万2,200円、私立大学の女子が182万8,600円と倍近い開きがあった。文部省『厚生補導』16号、1967年、74頁。

22) 2020（令和2）年度に開学した静岡県立農林環境専門職大学は、県内の他の公立大学と同じ設定となっている。

23) 2020（令和2）年度時点で上乗せを行っている大学の授業料は東京工業大学の63万5,400円、東京芸術大学、東京医科歯科大学、一橋大学、千葉大学の各々64万2,960円（2割増しの上限）と5大学にとどまっている。

24) 東京都立大学の他、会津大学、高崎経済大学、産業技術大学院大学、都留文科大学である。

25) 国際教養大学の他、埼玉県立大学（62万1,000円：実習費と施設費を含む）、横浜市立大学（55万7,400円：医学部医学科のみ57万3,000円）、長野大学（58万円）、公立小松大学（58万5,800円）である。

26) 公立大学協会50年史編纂委員会、2000年、92頁によれば、公立大学の授業料は、以前は大学間の格差が大きかった。1949（昭和24）年度は公立大学の平均が500円で国立大学の1,200円より大幅に安かったが、その後、公立大学の授業料は地方財政の悪化などに伴い国立大学に比べると割高となっていた。1967（昭和42）年度では公立大学の平均は1万7,177円で、国立大学の1万2,000円に比べて1.43倍高く、最高は4万8,000円、最低は1万2,000円と4倍の開きがあった。この時点での対象大学は35校で、そのうち約3分の1にあたる11校が国立大学と同額（1万2,000円）だった。

国立大学の授業料が3倍の3万6,000円となった1972（昭和47）年度の公立大学の平均は2万0,933円と、今度は国立大学が1.72倍高くなった。公立大学の最高は5万円、最低は1万2,000円だった。なお、1985（昭和60）年度に独自の授業料を設定していた都留文科大学が国立と同額の授業料を採用したことで国立大学と公立大学の授業料はほぼ同じとなったとされる。

27) もともとの設置主体であった青森地域広域事務組合の構成団体の青森市、平内町、外ヶ浜町、今別町、蓬田村出身の入学料は15万6,600円、この5市町村以外

の青森県内出身は 21 万 9,200 円（約 4 割増し）、青森県外出身は 31 万 3,200 円（2
倍）としている。

28）福島県立医科大学、京都府立医科大学、奈良県立医科大学である。

29）丸山文裕「アメリカにおける州立大学の授業料」国立大学財務・経営センター
　　『大学財務経営研究』7 号、2010 年、31 頁。なお、このデータは 2007-2008 年度
　　のものと推察される。

30）同上。2.65 倍である。

31）丸山、2010 年、32 頁。

32）同上。3.79 倍である。

33）1 人当たりの授業料が 300,000 × 0.5 ＋ 750,000 × 0.5 ＝ 52 万 5,000 円となる。

34）1 人当たりの授業料が 350,000 × 0.5 ＋ 700,000 × 0.5 ＝ 52 万 5,000 円となる。

35）1992（平成 4）年と 1994（平成 6）年の財政制度審議会では、授業料の学部別
　　格差の導入の検討を勧告しているが、実現には至っていない。

36）国立大学では、学長は医学部や工学部などから推薦された候補者が投票などに
　　よって選出されるケースが少なくない。これは教員数が多いこと、特に医学部の
　　場合、学部だけでなく、付属の大学病院にも多数の選挙権を有する教職員がいる
　　ためといっても過言ではない。どこの世界も数は力なり、ということなのだろう。
　　このため、国立大学が率先して学部ごとに異なる授業料を定めることは考えにく
　　い。なぜなら、授業料が異なることを是とすれば、私立大学の例をみれば明らか
　　なように、教育研究にかかる経費を考慮すれば、理系学部、特に医学部では大幅
　　に授業料を上げることは避けられないからである。

第5章　国策に翻弄された公立大学

1　大学は国策によって設立された

　大学に限ったことではないが、新しい制度が作られるのには当然のことながら何らかの目的があり、また、そのような制度の必要性を感じている当事者などの存在があってこそ、である。

　大学という制度の設立に関しても同様である。明治維新以降、西欧の列強に伍していくためには、有為な人材を育て、国家のために貢献してもらうということが明治政府にとって大きな課題だった。薩長土肥といった倒幕に功績のあった藩だけでは人材には限りがあり、また、実際には地縁、血縁を過度に重視した登用がはびこり、結果的に汚職など様々な腐敗を生むなど問題が表面化してきた。そこで身分や出身地にかかわらず、全国各地の優秀な若者を教育するために各地に帝国大学が順次設立されていった。

　帝国大学の法学部は官吏を養成することが最大の目的だった。同様に、各地に作られた医学校は欧米の西洋医学を全国に普及させるためのものだった。また、東京大学工学部の前身である工部大学校は、国の技術者養成を目的として、海外からのいわゆるお雇い外国人が中心となって教育が行われていた。この場合、工部省から在学中の経費を支給される官費生と学費を納める必要のある私費生の2種類の学生がいて、官費生には学費などが免除されるかわりに、卒業後7年間工部省への奉職義務が課せられていた[1]。

2　大学の拡大

　1903（明治36）年の専門学校令、1919（大正8）年の大学令などによって、我が国の高等教育機関は質量ともに拡大していった。第一次世界大戦などによって大きく経済成長を成し遂げたこともあって、日本が近代的な産業国家として発展し始めた中で、高度な職業人を育成する要請が高まり、文部省も高等教育機関の拡充を進めた。その結果、1915（大正4）年から1925（大正14）年までの10年間に高等教育機関に在籍する学生数は2倍半[2]となった。

　大正デモクラシーの時代から世界恐慌を経て、戦時体制にまっしぐらに進んでいく中で、特に旧制専門学校は大きな影響を受けることとなった。具体的には、第二次世界大戦に我が国が参戦した1941（昭和16）年以降、旧制専門学校における修了年限の短縮が進められた。人材養成のいわば「促成栽培」である。また、戦争遂行のために必要な分野の学校が大幅に増加した。たとえば、工業生産力を増強するためには工業専門学校が、食糧増産のためには農業専門学校が、といった具合である。このほか医師の確保のために官公立の医学専門学校が各地で設立され[3]、その中には女子専門学校も少なくなかった。

3　戦後の再編

　戦後の学制改革の中で、公立大学と最も深いつながりを持つのが旧制専門学校の処遇だろう。もともと旧制専門学校は一種の単科大学のような性格を有するものだったとされている。新制大学の制度が作られる際に、もしすべての旧制専門学校が自動的に新制大学に移行していたならばどうなっていただろうか。仮にそうであれば、その後の大学昇格に向けた苦労などもほとんど生じなかったのかもしれないが、すべてを移行させることは当時の財政事情や教員等の人材不足を勘案すれば現実的ではなかったのだろう。

公立の旧制専門学校の多くは、戦時下の必要性の中で急遽設立されたものである。いわば突貫工事で作られたものも少なくなく、施設面はもちろんのこと、教育体制の面でも十分だったとは考えにくく、旧制大学はもちろんのこと、1920年代に設置された伝統的な旧制専門学校に比べても数段見劣りしていたと考えられる。

そのため、大学設置委員会の基準を満たすことができずに大学昇格が見送られたところが多数となった。医学専門学校などは比較的すんなりと新制大学に昇格したが、特に女子専門学校の多くは不認可となり、それらの大部分は短大に移行したのである。学制改革で旧制専門学校から短大を経ずに女子大学に昇格した女子校は、1947（昭和22）年の名古屋女子医科大学のほか、1949（昭和24）年の大阪女子大学、高知女子大学、熊本女子大学、そして1950（昭和25）年の福岡女子大学の5校[4]だけだった。

その後も旧制専門学校を経て短大となったところの多くは4年制大学への昇格を目指している。比較的早期に実現したところもあれば、長野県立大学[5]のように69年もの歳月をかけて昇格にこぎつけたところもある。

このように、公立大学の多くがルーツとしている旧制専門学校は、大学への昇格で様々な苦難の道を歩み、また、せっかく大学に昇格した後に国立に移管してしまったところも少なくない。まさに戦中戦後の国策に翻弄された[6]といっても過言ではないだろう。

4　戦後の地方自治制度

1947（昭和22）年に施行された日本国憲法によって、大日本帝国憲法にはなかった地方自治の保障が規定され、また、憲法と同時に施行された地方自治法によって、地方自治の基本的な枠組みが構築された。

戦前の府県[7]は実質的に国の出先機関のような存在で知事は官選だったが、市町村も含めて首長はすべて直接公選となり、同様に直接公選の地方議会が並立する二元代表制の民主的な地方自治体として生まれ変わった。戦後の地方自治制度は主にアメリカの制度を見倣って導入されたのであるが、様々な

理由から変更を余儀なくされたものも少なくなかった。

　たとえば、教育委員会制度はアメリカの制度を参考に 1948（昭和 23）年に導入された。知事や市町村長から独立した公選・合議制の行政委員会だったが、導入直後から廃止論も根強く、また、教育委員の公選については、投票率の低さや政治的な党派対立が持ち込まれてしまうこと、さらには教職員組合を動員した選挙活動が問題視され、1956（昭和 31）年に公選制度は廃止され、任命制に移行した。

　また、市町村警察（自治体警察）[8]の制度も 1948（昭和 23）年に導入されたが、小規模自治体の財政難や広域捜査に支障をきたすなどの理由で 1954（昭和 29）年の警察法の全面改正によって、都道府県警察の制度に改められた。

　このほか、いわゆる 5 大市[9]とそれを抱える府県のライバル関係に端を発した特別市移行を巡る激しい対立については、都道府県から独立するという特別市制度[10]が一度も実現することなく廃止となり、政令指定都市制度の導入で一応の決着をみたが、都道府県と大都市の対立は道州制論議に引き継がれていった。1957（昭和 32）年の第 4 次地方制度調査会では公選ではなく国が任命[11]する地方長がトップとなる「地方」案が答申に盛り込まれたが、反対も強く、結局のところ成案とはならなかった[12]。

5　戦後の地方財政

　地方自治制度が様々な形で変更を迫られる一因となったのが、財政問題だった。都道府県と市町村という完全二層制の地方自治構造の中で、国と地方、そして都道府県と市町村で税源をどのように配分するか、また、どのような財政調整をするかは昔も今も大きな課題であり、また、政治の大問題でもある。このことが公立大学にも多大な影響を及ぼしてきた。

　1950（昭和 25）年の朝鮮戦争によって、我が国の経済は一時的には特需に沸いたものの、その後の不況は地方自治体の財政も直撃した。もともと、国税に比べても地方税の税源は十分ではなかったが、財政状況が悪化するところは増加し、1951（昭和 26）年度に赤字団体だった都道府県は 15 だったが、

翌年度には36となり、1953（昭和28）年度には39[13]と8割以上となっている。

　このような地方財政の危機的な状況を踏まえ、1955（昭和30）年には財政破綻した地方自治体の財政再建について定めた地方財政再建促進特別措置法が制定された。財政再建団体となると様々な制約を受けることになる。自治権の侵害という批判も少なくなかったが、まさに背に腹は代えられない状況に地方財政全体が陥っていたのである。

　なお、この法律の1年前に地方自治体が標準的レベルの公共サービスを行うための財源を国が保障するという機能と、地域間の税収格差を是正する財政調整機能を併せもった地方交付税制度が発足した。いまや、各公立大学を設置する地方自治体の地方税収入を別にすれば、公立大学の財政を支える唯一無二といってもいい存在[14]となった地方交付税は地方財政再建の時代に誕生したのだった。

6　1950年代の国立移管

　第2章の中でも戦後の国立移管に触れてきたが、ここでは改めて地方財政の状況も加味しながら分析を行う。

　表15のように、1951（昭和26）年以降、国立大学に移管された公立大学は13、これらが所在する都道府県の数は12[15]である。移管されたのはすべて医学部、農学部、水産学部、工学部といったいわゆる理系学部である。

　この点について、森川は以下のように地方自治体の財政難に起因する見方を示している[16]。

　　特に近年の著しい科学技術の進歩と学術研究の高度化に対応するため、各公立大学は教育内容の向上、施設の充実等の必要にせまられており、地方公共団体の財政力のみをもってしては、この膨大な経費をまかないきれないため、背に腹はかえられず国立移管が進められたものである。

ここではまず、1950年代の移管を巡る動きを述べる。

表15　移管された公立大学・学部

移管年	公立大学・学部	国立大学・学部
1951	静岡農科大学	静岡大学農学部
1952	茨城県立農科大学	茨城大学農学部
1952	岐阜県立大学工学部	岐阜大学工学部
1953	広島県立医科大学	広島大学医学部
1954	愛媛県立松山農科大学	愛媛大学農学部
1955	香川県立農科大学	香川大学農学部
1955	鹿児島県立大学	鹿児島大学医学部・工学部
1964	山口県立医科大学	山口大学医学部
1964	神戸医科大学	神戸大学医学部
1964	岐阜県立医科大学	岐阜大学医学部
1965	島根農科大学	島根大学農学部
1966	兵庫農科大学	神戸大学農学部
1972	三重県立大学	三重大学医学部・水産学部

出典：各大学のホームページ及び高橋寛人『20世紀日本の公立大学―地域はなぜ大学を必要とするか』日本図書センター、2009年をもとに筆者作成。

　最も移管が早かったのが静岡県で、1951（昭和26）年に静岡農科大学が静岡大学に移管されている。静岡農科大学の前身は静岡県立静岡農林専門学校で1947（昭和22）年に設立されている。旧制専門学校のうち、農林専門学校の先駆けは、北海道大学農学部の前身となった北海道農学校で1876（明治9）年に設立された。初代教頭は「少年よ、大志を抱け」で有名なクラーク氏である。札幌農学校のように歴史の古いものもあるが、農林専門学校の多くは戦中から戦後にかけて、食糧増産のために国策として作られたものだ。

　静岡県の場合、もともとは1949（昭和24）年の新制大学が発足する際に昇格を考えていたが、まずは設備を静岡県の県費で充実させることとして、翌年の1950（昭和25）年に公立大学として昇格したのである。つまり、国立移管を前提に、必要な施設・設備を県費で調達するためにつくられた暫定大学[17]との評価もある。しかも、公立大学としては一切新入生の募集は行わず、専門学校の在学生を編入させるにとどめ、翌年には静岡大学に移管されてしまったのである。

　これはある意味、国策のために県の財源を投入したということになる。地

方財政の逼迫ぶりを考えれば、結果として国による地方への負担の押し付けともいえるだろう。当時の静岡県の財政状況については、1951年度に赤字団体となった都道府県が15ある中で、静岡県はこれには該当せず、歳計剰余金も4億円以上と多い方から10番目となっている[18]。静岡県の場合、財政難が直接的な理由となって農科大学を手放したわけではないが、結果として県の財政の負担は生じている。本来であれば、1949（昭和24）年に県立大学を経ずに新制静岡大学として移行すべきではなかったのだろうか[19]。

　地方財政を巡る環境が厳しさを増す中で、1953（昭和28）年には文部次官通牒によって、「爾後公立大学の国立大学移管は行わない」とした。それによって、既に国立移管が認められていたか、交渉が続いていた愛媛県、香川県、鹿児島県だけは国立移管が行われたが、その後、10年近くにわたって移管は実現しなかった。

　1950年代に移管を進めた7県のうち、岐阜県は都道府県財政が最も厳しかった1953（昭和28）年度にも赤字団体にはなっていないが、その前年度に工学部を移管している。教員の側では、少ない県費では教授陣の充実や設備の整備が期待できないとの認識が広まり、移管促進の委員会が作られたこと、県側としても、工学部に毎年3,000万円の県費を支出することが大きな負担であり、また学生の大半が愛知県その他の他府県出身者によって占められていることから、国立移管をかねてから希望していた[20]とされている。

　静岡県と岐阜県の場合、赤字団体にならなくても国立大学への移管は進められているが、財政負担は小さくなかった。むしろ財政的余裕があるほど、国立移管の実現性が高かった[21]ともいえるのだろう。

7　1960年代から1970年代の国立移管

　1960年代以降も公立大学の国立大学への移管は進められた。1950年代には農学部が4つ、医学部と工学部が各々2つだったが、1960年代以降は医学部が4つ、農学部が2つ、水産学部が1つとなっている。特に医学部は、地方自治体の財政負担が大きかったということがここからもうかがえる。

既に、1950年代には多くの公立大学が国立移管を目指していた。たとえば、山口県立医科大学については、当初、県立の方が研究費が多い、国立に移管されると研究費が削られる[22]などの理由から国からの要請にもかかわらず移管の決定は行われなかったが、風水害などによって山口県が再建団体となったことによって、1952（昭和27）年度の研究費は、前年度の半額に減った[23]ことなどから再び移管に向けた議論が進んだケースもある。

国立移管に向けては、国会議員が積極的に動いたケースも少なくない[24]。地方財政も改善傾向がみられるようになってきた1960年代には文部省も国立移管を認めるようになったが、1961（昭和36）年度から国立文教施設整備計画を策定したことでハードルも高くなった。すなわち、公立大学を国立移管する場合、国の整備計画の基準を満たすこと[25]が条件とされたため、地方自治体はこれまで以上に多くの財政支出が必要とされたのである。

一方で、国立大学への移管を望んでいたにもかかわらず、実現しなかった公立大学も少なくない。岐阜、兵庫、山口、そして三重の県立大学の医学部は国立移管を果たしたのに対して、福島、奈良、和歌山の各県は県財政に余裕はなく、県立医科大学に対して国の基準を満たすための整備を行うことは不可能であった[26]とされ、現在も公立大学として存続している。

また、公立大学を国立に移管することに関しては、設置自治体当局や議会関係者だけでなく、大学の教員、学生、卒業生など大学関係者自身も[27]切望していたのである。

地方から国立移管に対して強い要望がでるのは、国立大学になれば地方自治体からの支出が不要となるだけでなく、社会的評価も高まり、研究条件、教育条件も改善される[28]と考えたからなのだろう。このように、当時の関係者の多くは、国立は一流、公立は二流という意識が強く、また、財政面など実態もそのとおりだったということなのだろう。

8　旧自治省がかけたブレーキ

このような公立大学の国立移管を進めようとする地方自治体の動きに関し

て、ブレーキをかけてきたのが当時の自治省である。

　自治省は戦前の内務省の流れを組む行政組織であるが、内務省は戦後、GHQ
の指令によって1947（昭和22）年に解体され、その後1949（昭和24）年に地
方自治庁となり、1952（昭和27）年に自治庁、そして1960（昭和35）年によ
うやく自治省という省の地位に復帰した組織である。

　地方行財政制度だけでなく、消防や選挙制度を所管し、その権限は他省庁
と比べても決して小さくはないものの、組織自体は国の省の中で最も簡素な
ものだった。

　これまでも述べてきたように、地方財政が厳しい状況[29]に置かれる中で、公
立大学に対する自治省の立場はある意味冷ややかなものであったと評されて
いる。1956（昭和31）年の公立大学協会総会では、「34の赤字団体となって
いる都道府県がある中で、公立大学は地方財政再建法の対象外であるので、公
立大学助成法のような根拠法がなければ援助は無理だ」という主旨の発言を[30]
当時の自治庁の松浦財政課課長補佐はしている。

　また、戦後の教育改革の中で、基本的に小中学校については市町村が、高
等学校については都道府県が、大学については国が責任を持って管理・運営
すべきという役割分担論[31]は、中央地方関係における分権・分離型[32]の典型
とみることもできるだろう。

　これは、戦後の厳しい地方財政の状況を考えれば、まずは、義務教育、そ
して高等学校の教育に地方自治体は責任を果たすべきであり、大学について
は、本来は国の責任で行うべきという、地方行財政制度を所管する自治省か
らすれば当然の見解とも考えられる。

　1950年代の厳しい状況に比べると、高度経済成長によって、地方の景気も
好調となり、税収も増えていったが、それでも基本的な自治省の立場は大き
く変わってはいなかった。後に自治事務次官や内閣官房副長官を務めた石原
信雄は「大学については、その性格および設置に要する経費からして国が設
置することを建前として考えるべきである[33]」と1965（昭和40）年に述べ
ているように、公立大学の新設には依然として消極的だった。

　1964（昭和39）年の文部省と自治省の覚書以降、公立大学の施設整備に関
して起債が認められるようになった[34]が、1969（昭和44）年には両省で公立

大学の運営に関する覚書が取り交わされ、政令指定都市以外の市町村による
公立大学新設の道が閉ざされた[35]のである。

この点については、昭和30年代に相次いで県庁所在市以外で設置された3
つの市立大学の財政難等に端を発したトラブル、すなわち、高崎市の高崎経
済大学、都留市の都留文科大学及び下関市の下関市立大学にまつわる問題も
大きく影響したのではないかと考えられる（第6章参照）。

いずれにしても、自治省は1960年代までは、地方財政の足かせともなり得
る公立大学の存在を必ずしも肯定的にはみていなかったことは明らかである[36]。

9　大学を巡る環境の変化

1970年代以降、公立大学も含めた大学を巡る環境は大きく変化している。
1971（昭和46）年には普通交付税に医歯学系の公立大学に要する経費が算入
された[37]。また、翌年には理系も対象とされ、1973（昭和48）年には文系も
含めてすべての公立大学と公立短期大学を対象とした[38]。ここでは大学政策
と国土政策の両面からその背景を探ることとする。

団塊の世代が18歳に到達した1966（昭和41）年以降、18歳人口は減少を
続け、70年代後半は横ばいとなっていた。また、大学進学率も上昇基調から
同様に横ばいとなる中で、文部省は大学入学者の増加を抑制することとした。
すなわち、大学の新増設を抑制し、地域間の格差や専門分野構成の不均衡の
是正と人材の計画的養成に必要なものに限って拡充するものとした[39]。

これに対して、国土開発などに関する行政を総括する役所として1974（昭
和49）年に発足した国土庁は、第三次全国総合開発計画（以下、三全総）の策
定作業を進め、1977（昭和52）年には閣議決定された。これまでの2つの全
国総合開発計画はどちらかといえば、開発一辺倒の政策を掲げていたが、公
害問題の深刻化や石油ショックなどによって見直しを余儀なくされていた。

三全総では、大都市への人口と産業の集中を抑制する一方、地方を振興し、
過密過疎問題に対処しながら、国土の利用の均衡を図りつつ、人間居住の総
合的環境の形成を図ることを目指して定住構想が打ち出された。

　また、大学に関しては、①大都市圏の大学等の新増設の抑制、②大都市圏の高等教育機関の地方移転の促進、③地方における大学等の整備の積極的推進[40]が三全総に掲げられている。

　一方、文部省は1980年代前半まで大学の新増設を抑制する方針を変えなかった。すなわち、大学政策[41]と国土政策はこの時点では齟齬(そご)が生じていたのである。

　国土庁は1980（昭和55）年には大学等の誘致を希望する地方自治体などからの学園計画地に関する資料を収集して、新増設や地方移転を考えている大学等の関係者の閲覧に供する場として学園計画地ライブラリーを開設している。ライブラリーには、同年11月時点で390を超える学園計画地が登録[42]された。ここからも、地方自治体、それも特に市町村の大学誘致に対する関心の高さがうかがえる。同年には、文部省、建設省や自治省の課長などをメンバーとする大学等適正配置問題研究委員会が設けられた。

10　ブレーキからアクセルへ

　1969（昭和44）年に文部省と覚書を結んで、市町村による公立大学の新設を認めていなかった自治省がこの研究会に加わっていたことは注目に値する。元来、自治省は、地方財政の健全化を最優先課題として取り組んできた。1950年代は多くの地方自治体が赤字に転落し、まさに「倒産」の危機に瀕していたわけである。また、国と地方の役割分担については、従来から国による地方自治体への負担の押し付けに対しては厳しい態度で臨んできていた。

　しかしながら、三全総の前後から、財政状況が徐々に好転していく中で、地方財政の健全化だけでなく、地域振興や地域活性化ということについて、省内における政策のプライオリティーは高まってきたとも考えられる。その先駆けが覚書締結の1969（昭和44）年に設定した広域市町村圏をはじめとする広域行政圏施策であり、その推進役となったものの一つが地域総合整備事業債[43]である。これは、研究会が設置された年の2年前の1978（昭和53）年に創設された地方債のメニューのひとつであり、当初は一般分として地方交付

税措置のない通常の地方債であったが、1981（昭和56）年からまちづくり特別対策事業の特別分に関しては、元利償還金の一部が地方交付税の基準財政需要額に算入される有利な財政措置がとられた[44]。

このように、徐々に大学政策に関して自治省も、地方自治体の要望も踏まえて前向きな方向に転換しつつあったのが1970年代後半から1980年代前半であった。

他方、文部省は1980年代前半も大学の新増設そのものには抑制的であった。1981（昭和56）年の第二次臨時行政調査会の第一次答申では、財政支出削減のため、国立大学・学部等の新増設を原則として見送ることなどを提言している。これは地方自治体からすれば国立大学の誘致は事実上不可能となったことを意味する。

他方、大学入学適齢期の18歳人口は、1985（昭和60）年の156万人を底として1992（平成4）年には205万人にまで増加することが見込まれていた。丙午の年（1966年）の出生減から一転して、団塊ジュニアの世代が18歳に到達するからである。

これを見越して文部省も方針を転換し、1984（昭和59）年、大学設置審議会大学設置計画分科会は18歳人口の急増に対応して、これまでの大学定員抑制政策を転換し、特に地方での大学の新増設[45]に舵を切ったのである。

分科会の報告書では、地方での大学の新増設に関して3つの方式を示している。

① 公私協力方式：地方自治体が学校法人に対して土地や校舎、設備を提供し、経常経費を補助する方式
② 国公私協力方式：国家的な見地から必要性の高いものについて、地方自治体が土地と経常費の一部を補助し、国が建物・設備を用意する方式[46]
③ 一部事務組合方式[47]

この報告書に「一地方公共団体では高等教育機関を設置・運営することが困難な場合には、一部事務組合を設けて設置・運営する方式も適切である」と示されているように、自治省がこの分科会を契機に文部省との覚書を実質

表16　文部省と自治省及び地方自治体の主な動き

年	文部省	自治省 （自治庁時代を含む）	地方自治体
1953年	文部次官通牒「爾後公立大学の国立大学移管は行わない」		
1954年		地方交付税制度の創設	
1955年		地方財政再建 促進特別措置法	34都道府県が赤字団体に
1957年			高崎経済大学開学
1960年			都留文科大学開学
1961年	国立文教施設整備計画を策定		
1962年			下関市立大学開学
1964年	文部省と自治省の覚書「公立大学の施設整備に関して起債を認める」		
1969年	文部省と自治省の覚書「政令指定都市以外の市町村立大学を認可しない」		
1971年		普通交付税に公立大学の経費が算入される	
1978年		地域総合整備事業債創設	
1980年	国土庁の大学等適正配置問題研究委員会のメンバーに加わる		
1981年		地域総合整備事業債の元利償還金に対する交付税措置を開始	
1984年	大学設置審議会大学設置計画分科会が大学新設の抑制方針を転換		
1988年			釧路公立大学開学

出典：筆者作成。

的に破棄し、市が中心となる公立大学設立を許容したことは明らかである。

　地方財政の環境が好転するとともに、地方自治体の強い要請もあって、公立大学に関して、都道府県だけに限るとしていたブレーキを解除し、市町村にも設立主体となることを再び可能とする道を開いたのである。当初は広域行政圏施策[48]との整合性を保つべく、広域市町村圏単位を基本とする一部事務組合方式[49]に限定していた。4年制大学としての第一号が釧路公立大学[50]であったが、1997（平成9）年には政令指定都市ではない県庁所在市である前橋市で市立の前橋工科大学が設立された。その後、尾道市、名寄市など一般

市による大学設立が各地で行われるようになった。

　このように、自治省もブレーキ役からアクセル役へと立場を変更する中で、1980年代後半は、これまでとは異なる「国策」が地方自治体を翻弄することになる。なお、1950年代から1980年代にかけての公立大学を巡る文部省と自治省及び地方自治体の動きをまとめたのが表16である。

11　日米貿易摩擦が生み出した「大学」

　これまで触れてきたように、1980年代は公立大学の新設は進まなかったが、地方自治体の大学誘致の動きは各地で活発に行われていた。この時代に全国各地、特に地方で誘致が進んだのがアメリカの大学の日本校である。そしてその一因が日米貿易摩擦だった。

　日米貿易摩擦は1960年代半ばに日米間の貿易収支が逆転し、アメリカの対日赤字が常態化することで政治問題としてもクローズアップされ、1980年代には牛肉やオレンジ、そして日本車が主な標的となった。

　このような状況の中で話題となったのが、アメリカの大学を日本に進出させるというものだった。1986（昭和61）年に、日米の貿易摩擦解消を目的として、両国の国会議員団による日米貿易拡大促進委員会が発足した。具体的な交渉内容の一つが、米国大学の日本誘致であった。両国の間での交渉、調査、および検討の結果、米国の約130の大学が、日本分校の設置を希望し、日本の30以上の自治体が米国の大学の受け入れを希望した[51]。

　日本の若者を米国の大学で学ばせることにより国際人として養成し、貿易摩擦解消へ向けての人的基盤を整備[52]するということを目的として進められたようである。これも一種の国策であったとみることができるだろう。また、昨今の大学におけるグローバル教育興隆の先駆けとみることもできるだろう。

　この結果、アメリカの大学の日本分校は、1982（昭和57）年のテンプル大学を皮切りに、1985（昭和60）年に1校、1987（昭和62）年に3校、1988（昭和63）年に6校、1989（昭和64）年に7校、1990（平成2）年に18校が設立されたが、1991（平成3）年になると設立は1校のみ[53]となり、その後は廃校

が相次いだ。

　これらの多くは、株式会社により設立されたものであり、日本の制度の中では大学として認められたものではなく、専修学校扱いというのがほとんどだった。ビルの中で開設されるなど、その多くは都市圏への立地が集中していた。このような中で、秋田県雄和町（現在の秋田市）と新潟県中条町（現在の胎内市）[54]は、小さな町がアメリカの大学を誘致し、また、一定期間、存続させたということで成功事例として取り上げられることも少なくなかった。

12　ミネソタ州立大学機構秋田校から国際教養大学へ

　秋田県雄和町が誘致したミネソタ州立大学機構秋田校（以下秋田校という）は 1990（平成 2）年に開学した。雄和町は秋田県中部に位置する農業の町だったが、1981（昭和 56）年に秋田空港が町内に開港し、テクノポリスの指定を受けるなど、企業立地も進み、町の総合計画にも高等教育機関の誘致が掲げられていた。1988（昭和 63）年に日米貿易拡大促進委員会へ誘致の協力要請を行い、アメリカのアイダホ州立大学、メリーランド州立大学なども視察に訪れる中で、最終的に選ばれたのがミネソタ州立大学だった[55]。

　雄和町は設置・運営主体となり、寄付金等の受け皿となる学校法人や寮やアパート、食堂などの設置運営や奨学金の手続きを行う財団法人を設立するなど中心的な役割を担い[56]、秋田県は財政支援や施設の無償譲渡などどちらかといえば後方支援を主に担っていた。

　秋田校のカリキュラムの特徴は、5 年間の教育プログラムとなっていることである。最初の 3 年間は秋田で語学と一般教養課程を学び、残りの 2 年間をミネソタ州立大学機構に属する 7 大学のいづれかで専門課程を履修する[57]もので、全寮制となっていた。

　1 学年の定員を 250 人として開学し、初年度こそ定員を上回ったものの、その後は大幅な定員割れが続いた。卒業までに最低 5 年かかることや、授業料が高いこと、授業のレベルが高く多くの中退者が出たことなどがその主な理由と考えられる。中退率は 5 割を超え[58]、赤字も大幅に膨らんだことから

2003（平成15）年3月に閉校することが決定された（1999〔平成11〕年7月）。

　大学側は、これまで通り、アメリカで行ってきた大学教育の質を維持することにこだわり、一方、雄和町は経営上の観点などから学生数の確保をするために教育の質を「日本並み」に引き下げることを求めたにもかかわらず、両者の折り合いがつかなかった結果、わずか10年足らずで廃校決定の憂き目をみたのである。

　秋田校設立では後方支援に徹していた秋田県も、秋田校の廃校が決まる前には新たな構想を固めている。1997（平成9）年に秋田県知事に就任した寺田典城は、翌年には県庁内に学術振興課を設けて検討を進め、閉校が決まった直後の1999（平成11）年9月の県議会に提出した補正予算に国際系大学（学部）可能性調査事業の経費を盛り込んだ。

　2000（平成12）年には、その後初代学長に就任することとなる中嶋嶺雄東京外国語大学学長を座長とする国際系大学（学部）検討委員会で精力的な議論が行われ、設置形態は県立大学で、秋田校のキャンパスを活用して2003（平成15）年4月開学[59]することが提案された。

　しかしながら、当時の県政野党だった自民党県議団は、大学構想に対して、少子化が進む中では学生の確保が困難になることや、県内の進学者の受け皿にならないなど[60]の主張を地元紙の広告に掲載し、2001（平成13）年度の当初予算における国際系大学設置費を全額削除した修正案を提案し、賛成多数で可決された。

　4月に行われた知事選では自民党が推した新人に対して現職の寺田が圧勝し、当初の予定の1年遅れとなったものの、結果的に公立大学法人制度の制定に合わせて2004（平成16）年の開学となったこともあって、新しい国際系大学、国際教養大学が公立大学法人第1号となった。

　国際教養大学の教育プログラムの特徴は際立っている。授業はすべて英語で実施、1クラス15人程度の少人数教育の徹底、在学中に1年間の海外留学の義務化、新入生は外国人留学生とともに1年間の寮生活、専任教員の半数以上は外国人など、これまでの日本の大学にはないものであり、その後、国際教養大学の取組みを参考とする大学が相次いだのだった。

　初年度から多くの受験生を集め、今では国内トップクラスの高い評価を集

めている。その一方で、県内出身者の割合は公立大学としてはかなり低くなっている。この点は、秋田校が開校当初から入学者に占める秋田県出身者が2割前後にとどまっていた[61]ことと同様である。

13 相次ぐ看護系大学の新設

1990年代に入ると公立大学の新設が相次いだ。その最大の要因もやはり国策だった。1989（平成元）年に大蔵、厚生、自治の3大臣の合意によって、ゴールドプラン（高齢者保健福祉推進十か年戦略）が策定された。高齢化が進展する中で、高齢社会を健康で生きがいを持って、また、安心して生涯を過ごせるよう、高齢者の保健福祉の分野の政策を充実することを目指して、ホームヘルパーの養成や訪問看護の充実など在宅福祉対策に特に力を注ぐことが盛り込まれた。

1989（平成元）年は消費税が導入された年であり、また、合計特殊出生率の1.57ショックの年でもある。戦略を支える人材の中でも、看護婦の数と質の確保が重視され、1992（平成4）年には看護婦等の人材確保の促進に関する法律が制定された。その後、文部省、厚生省、労働省3省合同で、看護婦等の人材確保を促進するための措置に関する基本的な指針が策定され、この中で、看護系大学の整備促進の必要性が謳われている。この指針のポイントの一つが「推進」ではなく、「促進」という言葉が使われたことである。

一般的に、推進とは自ら政策の担い手として実施するというニュアンスを持つのに対して、促進は、他の主体に働きかけて実施を促すというニュアンスを持つ。つまり、国は看護系大学の整備は極力、地方自治体や学校法人に働きかけて実施を促すというのが基本的な考え方だったと考えられる。

ここでは、自治省もアクセル役として公立大学新設を後押ししている。1992（平成4）年には、看護系大学等の施設整備費を地域総合整備事業債のメニューである地域福祉推進特別対策事業の対象とするとともに当該年度の事業費補正も行うなど、手厚い財政支援を講じることで地方自治体の看護系大学の新設を後押しした。

　これにより、公立大学の数はほぼ倍増することとなる。1993（平成5）年度から2000（平成12）年度までの8年間に誕生した31公立大学のうち、18校が看護系の単科大学だった。また、看護系の学部または学科をもつ複数学部を有する新設公立大学は4つで、この他、看護系学部を新設した既設の公立大学も6つに及んだ。

　1990年代に看護系大学の建設ラッシュとなったのは、ゴールドプランが最大の推進役ではあったが、アメリカの大学の日本校同様、日米構造協議によって促された公共投資の拡大やバブル経済崩壊後の景気対策の影響も少なからずあった。

14　公立大学を巡るアクター

　大学政策は基本的には国レベルでは文部省（現在の文部科学省）の専管事項である。しかしながら、公立大学についてはこれまで述べてきたように、地方自治、特に地方財政の側面から自治省（現在の総務省）が大きく関わるとともに、国土政策や産業政策とも密接に関わるようになることで、経済企画庁（現在の内閣府）や国土庁（現在の国土交通省）、通商産業省（現在の経済産業省）、厚生省（現在の厚生労働省）も様々な役割を担うようになってきた。

　ここでは、改めて、公立大学を巡る国レベルのアクターについて、その果たしてきた役割を概観する。

　文部省は、常に大学政策を主導してきたものの、国立大学の歴史などを遡ってみれば、国の財政状況によって、政策の変更や縮小を余儀なくされてきたことが少なくない。その意味では、国庫を所管する大蔵省（現在の財務省）も大きなアクターとして隠然たる存在感を示してきたともいえるだろう。

　戦後の公立大学の国立移管に関しても、大蔵省の意向がまったく働いていなかったということは考えにくい。移管に際して、結果として設置基準を満たす施設水準や教育水準を地方自治体に強いてきたのも、文部省が大蔵省の意向を受けたが故のものとの評価もできるだろう。

　また、戦後の教育改革はCIEの影響も強く受けてきた。CIEがより強硬の

態度で臨んでいたならば、公立大学はアメリカの州立大学のような形態とな
り、我が国の大学の姿は今とは全く異なっていたのかもしれない。

　戦後の地方財政が厳しい状況の中で、公立大学の新設にブレーキをかけて
きた大きなアクターが自治省だった。大学進学率が10％にも満たなかった
1950年代はもちろんのこと、20％を超えることはなかった1960年代に入っ
てもブレーキはゆるめなかった。地方自治体の最大の使命は住民の福祉の増
進である。教育の分野であれば、まずは義務教育であり、そして急速に進学
率が上がっていった高等学校の整備がナショナルミニマムであり、大学に関
しては、まずは国が責任を持つ、というスタンスは当時としては決して誤っ
ていたものではないと思われる。

　しかしながら、高等学校への進学率が90％を超え、大学へも4人に1人が
進学する時代を迎える中で、高度経済成長から安定成長へと日本経済の局面
が変わっていくとともに、国土政策や産業政策の側面から大学が注目される
ようになってきた。三全総の定住構想はまさに地方に大学設置を促すもので
あり、また、国土庁の学園計画地ライブラリーには多くの地方自治体が候補
地を登録するなど、大学が地域活性化の核となる施設であるという認識が生
まれてきたのもこの頃である。

　自治省もブレーキ役からアクセル役に立場を変え、また、1980（昭和55）
年に構想が示されたテクノポリス構想では、全国26か所が指定され、理工系
の大学の誘致が各地で行われた。1988（昭和63）年の頭脳立地法では、理工
系だけでなく、文科系の大学の立地促進も謳われた。このような地域振興立
法[62]は必ずしも十分な成果を挙げたわけではないが、地方自治体の大学政策
に様々な影響を及ぼした。ここでの重要なアクターは通商産業省だった。

　本格的な高齢社会の到来は、厚生省を新たなアクターとして加えることと
なる。もともと、医学部新設に関しては従来から文部省に様々な影響を及ぼ
す関係であり、田中角栄元首相の1県1医大構想の推進役でもあった。看護
師養成のための看護系大学が全国各地に誕生したのは、ゴールドプランと人
材確保法によるものであり、手厚い地方財政措置によって公立看護系大学の
新設が相次いだのである。

15 公立大学にも法人化の波が

　1990 年代は地方分権に向けて大きく動いた時代であった。1993（平成 5）年に衆参とも全会一致で地方分権の推進に関する決議が可決され、1995（平成 7）年の地方分権推進法の制定、地方分権推進委員会の 5 次に渡る勧告を経て、1999（平成 11）年に地方分権一括法が制定された。国と地方が上下・主従から対等・協力の関係へと大きく変わり、権限や財源が国から地方へ移譲され、国の様々な規制が緩和されるようになったのである。

　また、国から地方への地方分権とともに、車の両輪として推進されていたのが、規制緩和、すなわち、官から民へ、である。イギリスやニュージーランドなどの NPM[63]と総称される様々な行政改革などの取組みの中で、注目を集めたのがエージェンシー化であった。サッチャー政権の下で、行政効率を向上させるために、各省庁の事業実施部門を企画立案部門から分離独立させて法人とするもので、人事や運営などに関する裁量権を有する組織である。

　日本では、独立行政法人として数多くの国の機関が法人化された。独立行政法人制度とは、各府省の行政活動から政策の実施部門のうち一定の事務・事業を分離し、これを担当する機関に独立の法人格を与えて、業務の質の向上や活性化、効率性の向上、自律的な運営、透明性の向上を図ることを目的とする[64]ものとされている。

　これに準拠して国立大学にあてはめたのが国立大学法人制度である。国立大学法人に関しては、すべての国立大学について適用される。

　一方、公立大学に関しては、法人化するかしないかについては、地方自治体の判断に委ねられている。そもそも公立大学法人に特化した法律はない。地方自治体版の独立行政法人に適用される地方独立行政法人法に基づいた制度が公立大学法人である。学長とは別に理事長を置くことができるなど、国立大学法人とは幾つかの相違点がある。

　また、公立大学の法人化[65]については、国立大学の改革という国策とも関連しつつも、一部の地方自治体が積極的に求めたという側面[66]もある。法人

化も含めた公立大学の統合・改革を巡る動きについては次章で個別に検証する。

注

1) 舘昭「日本における高等技術教育の形成―工部大学校の成立と展開」『教育学研究』43巻1号、1976年、18頁。
2) 永井道雄『日本の大学―産業社会にはたす役割』中央公論社、1965年、47頁。
3) この点について、多くの先行研究では軍医養成を主な理由として挙げているが、吉川卓治『公立大学の誕生　近代日本の大学と地域』名古屋大学出版会、2010、321頁では、「地域課題の解決のために地域自らが高等教育機関を設置・経営しよう」としていたとしている。
4) 北海道立女子医学専門学校を前身とする札幌医科大学も1950（昭和25）年に大学に昇格したが直ちに共学化したので、ここには含めていない。
5) 前身の長野女子専門学校は1929（昭和4）年に全国で6番目に設立された女子専門学校である。
6) もちろん、地域や教員など学校関係者の多くが国立（官立）への移管を切望し続けていたという側面も少なからずあった。
7) 都制は戦時下の1943（昭和18）年に導入されたものであり、東京市を廃止して特別区を置き、東京都に権限を集中させるという中央集権的な枠組みである。また、北海道は府県とは異なる地方制度が導入されていて、府県よりも権限が小さかった。
8) 市と人口5,000人以上の町村に自治体警察が置かれた。
9) もともとは、東京市、横浜市、名古屋市、京都市、大阪市、神戸市の6大市だったが、1943（昭和18）年に東京市が廃止されたので5大市となった。
10) この動きは大正期から始まっている。北山俊哉「日本の地方自治の発展」村松岐夫編『テキストブック地方自治第2版』東洋経済新報社、2010年、16-17頁。
11) 公選知事を巡る政治的な対立が激しかったことも、トップを任命制とする理由の一つだった。
12) 田村秀『政策形成の基礎知識―分権時代の自治体職員に求められるもの』第一法規、2004年、62-77頁。
13) 当時の都道府県数は46であり（沖縄県は復帰前）、85%が赤字団体だった。赤字団体でなかったのは、栃木県、埼玉県、神奈川県、岐阜県、大阪府、山口県及び福岡県だった。なお、1953（昭和28）年度には5大市のうち名古屋市を除く4市が赤字団体だった。自治庁『地方財政の状況報告』、総務省、1955年、3頁。
14) 文部科学省からの国庫補助金が三位一体の改革で廃止されたために、このよう

に称しても間違いではないと思われる。

15）岐阜県では2回公立大学の国立移管が行われた。

16）森川晃卿「公立大学、その特色と課題」内田穣吉・佐野豊共編『公立大学　その現状と展望』日本評論社、1983年、55頁。

17）公立大学協会50年史編纂委員会編『地域とともにあゆむ公立大学—公立大学協会50年史』公立大学協会、2000年、60頁。

18）自治庁『地方財政の状況報告』総務省、1953年、14-15頁。

19）静岡県は2020（令和2）年に県の農林大学校を母体として静岡県立農林環境専門職大学を設置している。もし、国立移管をしていなければ、2020（令和2）年に新たな公立大学を設置することは必要なかったとも考えられる。

20）公立大学協会50年史編纂委員会編、2000年、54頁。

21）高橋寛人『20世紀日本の公立大学—地域はなぜ大学を必要とするか』日本図書センター、2009年、134頁。

22）高橋、2009年、143頁。

23）高橋、2009年、144頁。

24）高橋、2009年、145頁では、岐阜、神戸、山口の3医科大学の国立移管が国会議員の強力な政治力によって進められたとしている。

25）高橋、2009年、160頁。

26）同上。

27）高橋、2009年、159頁。

28）同上。

29）地方財政が悪化した原因に関して、シャウプ勧告が原因であるような記述が公立大学研究で時折みられる。たとえば、中川淳編『公立大学協会十五年の歩み』公立大学協会事務局、1966年、194頁では「昭和27年頃より吹き荒れた、いわゆるシャウプ税制の改革による地方財政の著しい悪化に伴い、到底大学を維持することの困難な地方が続出し、国立移管を希望するものがあった」と記している。だが、これは必ずしも妥当な解釈ではないと思われる。

　例えば、橋本勇『地方自治のあゆみ—分権の時代にむけて』1995年、255頁では「地方財政困窮の理由は、インフレーション、税収の伸び悩み、国庫支出金の切り詰めなどが大きな比重を占めていたが新しい地方自治制度の下での新規事業による負担増があったことも忘れてはならない。その新規事業の主なものは、警察、消防の地方移管と六・三制義務教育の実施であった。」としている。

　また、橋本、1995年、237頁では、「文部省としては、財政上の問題はその時になれば何とかなるということで、とにかく、六・三制を実施することが至上課題であると考えていた。特に教職員の人件費の負担が地方財政を圧迫する大きな要因であり、1948年に市町村立学校職員給与負担法の制定で都道府県負担になっ

たことは、その後の都道府県財政を圧迫する要因になったと考えられる」としている。

　このほか、都道府県にとっては、高等学校の整備も財政を圧迫する一因になったと考えられる。

30) 中川、1966 年、61-62 頁。
31) これは、戦後に始まったものではなく、教育史編纂会編『明治以降教育制度発達史第五巻』竜吟社、1939 年、488-489 頁では以下のように記している。

　　　公立の大学に関しては元来我国に於ける学校経営と国家及地方自治体との関係に就ては従来初等教育は下級の自治体たる市町村、中等教育は上級団体たる道府県（場合に依りては郡市町村）をして之を行はしめ、大学教育及専門教育は国家自ら之を行ふことを本則とし、地方自治体をして専門教育を経営せしむるは寧ろ例外とする所であり、今回新に公立大学を認むるに当つてもこれは例外中の例外に属することであるから、大学令に於ては特別の必要ある場合に於て上級自治体たる北海道及府県に限り之を許すこととしたのである。

　羽田貴史「書評〈6〉高橋寛人著『20 世紀日本の公立大学―地域はなぜ大学を必要とするか』日本教育行政学会年報 No.36、2010 年、256 頁が用いている「上級」自治体はここに依拠しているとも考えられる。
32) 政治学者の天川晃が提唱した、いわゆる天川モデルである。磯崎初仁・金井利之・伊藤正次『ホーンブック地方自治〔新版〕』北樹出版、2020 年、23 頁。
33) 石原信雄「公立大学と地方財政」『地方財政』4 巻 6 号、1965 年、12 頁。
34) 公立大学協会 50 年史編纂委員会編、2000 年、102-103 頁。
　具体的には、「公立大学施設整備のための別枠起債の設定並びに国庫補助金について、文部省と自治省との覚書」として以下の 3 項目が記されている。
1. 公立大学（短大を含む）の施設について、国庫助成を行うよう責任をもって努力するものとすること。
2. 既存の大学について、地方団体がその負担に堪えないもので、なお存続を必要と認めるものについては、国立又は他の公立へ移管するものとし、具体案を検討するものとすること。
3. 今後、公立大学の新設、学部、学科、定員等の増加に当たっては、事前に両省間で十分検討を加えるようにする。
　なお、1965 年度から一般単独事業債のメニューに、国立移管の公立大学整備が加えられた。充当率は 1965 年から 1970 年度までが 100%、1971 年度が 70〜100%、1972 年度から 1979 年度までは 70〜75% で、1980 年度には廃止さ

れている。自治省財政局地方債課編『昭和45年度地方債の手引』地方財務協
会、1970年、36〜37頁、自治省財政局地方債課編『昭和49年度地方債の手
引』地方財務協会、1974年、56〜57頁及び自治省財政局地方債課編『昭和57
年度地方債の手引』地方財務協会、1982年、231〜232頁。

35）公立大学協会50年史編纂委員会編、2000年、104-105頁。
「公立大学の運営に関する覚書」で以下の3項目が記されている。

1. 今後における公立大学の設置等については、文部省はその認可をする場合に
おいては、あらかじめ、自治省と協議するとともに、とくに指定都市以外の
市町村にあっては、既設の学科と密接な関連がある短期大学の学科の増設を
除いて、その認可は原則としてしないよう両省は協力して行政指導を行うも
のとする。

2. 既設の公立大学のうち、設置者である地方公共団体がその財政負担に堪え得
ないなど、その必要があると認められるものについては、両省は協力してそ
の設置者変更または統合を積極的に指導するものとする。

3. 文部省は、公立大学の施設整備に対する国の助成措置を講ずるよう積極的に
努力するものとする。

36）もちろん、これは本来地方自治体がどの行政分野に責任を持つべきかというこ
とに問題意識を強くもっていたということと、地方財政対策で大蔵省に対して、
財政面で国が果たすべき役割をしっかり担うべきという主張を繰り返している
点と符合するものではある。

37）公立大学協会50年史編纂委員会編、2000年、106頁。

38）公立大学協会50年史編纂委員会編、2000年、137頁。

39）高橋、2009年、202頁。

40）高橋、2009年、204-205頁。

41）21世紀における文部科学省官僚の地方自治観については、北村亘「文部科学省
の格差是正志向と地方自治観」青木栄一編著『文部科学省の解剖』東信堂、2019
年で実証的に論じられている。

42）猪股歳之「日本における高等教育関連施策の展開—高等教育機関の地方立地に
関する政策を中心に—」『東北大学大学院教育学研究科研究年報』54集2号、2006
年、153頁。

43）昭和53年地方債課長内かんによれば、地域総合整備事業債が対象とする地域
総合整備事業は、「広域市町村圏計画若しくは大都市周辺地域振興整備計画又は
市町村の総合計画等に基づく事業及び道府県の事業であって、道府県が策定する
「地域総合整備に関する計画」において、地域の総合的整備のための根幹的事業
又はモデル事業として知事が認めた事業をいうもの」であった。自治省財政局地
方債課編『昭和53年度地方債の手引』地方財務協会、1978年、82頁。なお、地

域総合整備事業債が創設された初年度である 1978 年度の地方債計画計上額は 500
億円だった。

44）地域総合整備事業債に関しては、必ずしも正確に理解されていないケースが少
　　なくない。地方交付税への算入率を 75-90％とするもの（例：『朝日新聞』岩手県
　　版、2006 年 10 月 29 日付）や制度発足をまちづくり特別対策事業に関して地方交
　　付税措置が始まった 1984（昭和 59）年とするものなどである。なお、まちづく
　　り特別対策事業に関しては、当時の行政局が所管し、制度発足当初から財政局に
　　対して地方交付税措置を要望していたと 1989（昭和 64）年 11 月から 1991（平成
　　3）年 3 月まで財政局地方債課に在籍していた筆者は認識している。

45）高橋、2009 年、210 頁。

46）国公私協力方式の大学は設立されてはいないが、強いて挙げれば、1972（昭和
　　47）年に設立された自治医科大学はこれに近い形式といえるだろう。

47）一部事務組合方式は、4 年制大学では釧路公立大学がはじめてであるが、短期
　　大学については、1980（昭和 55）年に岡山県新見市に阿新広域事務組合によって
　　設立された新見女子短期大学が最初の事例である。

48）1980 年代に広域市町村単位で複合的な文化施設（リージョンプラザ）の建設に
　　対して、地域総合整備事業債のまちづくり対策特別事業の対象とし、地方債の充
　　当率も通常より 5％上乗せしていたことからも明らかなように、当時の自治省は
　　市町村合併ではなく、一部事務組合などによる広域行政を推進することを通じて、
　　定住圏構想といった三全総などの国土政策との整合性を図っていた。

49）中田晃『可能性としての公立大学政策―なぜ平成期に公立大学は急増したの
　　か』特定非営利活動法人 学校経理研究会、2020 年、63 頁では、「公立大学の設
　　置をめぐる財政問題は、一部事務組合方式によって解決するのであろうか」と問
　　題提起しているが、既に述べてきたように、一部事務組合の活用は自治省の政策
　　や国土政策との整合性はとれているもので、少なくとも当時においては必要条件
　　だったということはいえるだろう。

50）釧路公立大学が一部事務組合方式を採用したのは、中田、2020 年、130 頁が指
　　摘するように「自治省のアイディア」であり、高橋、2009 年、226 頁が指摘して
　　いるような「文部省が提唱した」ものではないのは明らかである。

51）鳥井康照「米国大学日本校の進出と撤退」『国立教育政策研究所紀要』（132）、
　　2003 年、199 頁。

52）渡部晃正「地方自治体と米国大学のパートナーシップに関する一考察」『東北
　　大学教育学部研究年報』43 集、1995 年、81 頁。

53）鳥井、2003 年、200 頁。

54）中条町（現胎内市）が誘致した南イリノイ大学新潟校については、寮などの周
　　辺施設整備事業が自治省のリーディングプロジェクトに採択され、地域総合整備

事業債の発行が許可されている。なお、廃校後の施設は、改修の上、開志国際高等学校の施設に転用されている。

55）鳥井、2003 年、203 頁。

56）同上。

57）同上。

58）鳥井、2003 年、204 頁。

59）寺田健一『秋田よ変われ　寺田県政 12 年』秋田魁新報社、2016 年、171 頁。

60）寺田、2016 年、178 頁。

61）鳥井、2003 年、204 頁。

62）これらの地域振興立法が必ずしも直接的な契機となったとは断言できないが、1990（平成 2）年から 2000（平成 12）年くらいにかけて、広い意味での理工系学部をもつ公立大学の新設が相次いだのも一つの潮流だった。具体的には、富山県立大学（1990〔平成 2〕年：工学部）、福井県立大学（1992 年〔平成 4〕：生物資源学部）、会津大学（1993〔平成 5〕年：コンピュータ理工学部）、広島市立大学（1994〔平成 6〕年：情報科学部）、滋賀県立大学（1995〔平成 7〕年：工学部）、前橋工科大学（1997〔平成 9〕年：工学部）、岩手県立大学（1998〔平成 10〕年：ソフトウェア情報学部）、秋田県立大学（1999〔平成 11〕年：システム科学技術学部）、公立はこだて未来大学（2000〔平成 12〕年：システム情報科学部）である。

63）NPM（New Public Management）については、批判的な見方も少なくない。田村、2004 年、280 頁でも以下のように記している。

　　これまで政策形成に関して、行政評価や民営化等についてさまざまな課題があることを論じてきたが、経済効率性という面だけでなく、公平性や法令遵守の面をもしっかりと考慮しなければいけない行政サービスでは、NPM が唯一無二の手法とはなり得ないことは明白である。NPM に関する見識を深めることも重要ではあるが、何事も無批判に採り入れることだけは避けるべきである。欧米で成功しているからといって、単なる猿真似のような取組みをしても、うまく行くことはまずないのである。

64）総務省ホームページ「独立行政法人とは？」
https://www.soumu.go.jp/main_sosiki/gyoukan/kanri/satei2_01.html（2020 年 6 月 22 日最終閲覧）。

65）公立大学法人のあり方については、批判的な考察が少なくない。たとえば、光本滋「公立大学の法人化問題―歴史的改革課題と「公立大学法人」像」『教育学研究』第 70 巻第 1 号、2003 年がある。

66）最初に法人化を宣言したのは、1999 年の広島県とされている。光本、2003 年、37 頁。

第6章　公立大学と地方自治体の確執

1　公立大学と地方自治体

　これまで、公立大学とはどのような存在であるのか、また、その歴史を振り返るとともに、実態について、様々なデータから明らかにしてきた。公立大学という存在の実像が、国との関係も含めてそれなりにみえてきたとも思われるが、次に論じるべき点は公立大学と地方自治体との関係である。

　公立大学にとってその設置者である地方自治体の存在は重要であり、また避けては通れないものでもある。これまでも、公立大学と設置者、特に首長との間では様々な確執が生じ、それが元で個別の公立大学のあり方が変わらざるを得なくなったことも少なくない。

　大学の自治や学問の自由は当然尊重されるべきものであり、また、地方自治体、特に首長はその意味するところを的確に理解すべきである。他方、首長は住民の直接選挙によって選ばれた存在であり、地方自治体を統轄し、代表する地域における政治的なリーダーである。民主的統制を受ける首長の考えは、地方自治体の政策に様々な形で反映される。また、予算や条例を始め、様々な事項[1]を議決する地方議会の存在も大きなものである。首長から公立大学に関する予算案が提出されても、議会で否決されてしまえば公立大学の運営は立ち行かなくなる。

　もちろん、首長や議会の様々な言動に対する、そして地方政治そのものに対する批判も少なくない。古今東西を見渡しても、首長の汚職や不祥事が全くないというところはあまり聞いたことはない。むしろ、そう簡単にはなく

ならない、というのが現状だろう。

　議会に関しては、その役割について、単なる首長の政策に対する追認機関になっているのではないか、あるいは、「批判のための批判」ばかりしているとの声もある。だが、ともに住民の直接選挙によって選ばれているという重みを、地方分権の時代といわれて久しい中で、公立大学の関係者もこれまで以上に認識しなければならないだろう。

2　公立大学に関する3つの「事件」から

　我が国における公立大学研究の第一人者である高橋は、著書の中で、地方行政当局による大学自治の侵害、大学経費の過重負担という問題は、実際に様々な公立大学で発生した[2]として、高崎経済大学、都留文科大学及び下関市立大学で起きた事案を紹介し、公立大学の脆弱性について警鐘を鳴らしている。

　高崎経済大学の前身は市立短期大学で、1957（昭和32）年の4年制大学への昇格の際、市長の政治的なスタンスが大学の学長、教員人事に大きく影響を与えたことが指摘されている[3]。また、1965（昭和40）年にはコネ入学問題と市長の私学移管発言[4]が大きな問題となった。1965（昭和40）年度の入試では、508人の合格者を出したが、高崎市出身学生はわずか7名、群馬県出身者も20名だけ[5]という状況の中で、市議会議員などの有力者が、地元優先を強く求めたということである。この問題が尾を引き、市長が財政負担の軽減などのために、私立への移管を表明したことは市議会も巻き込んだ大騒動となった。

　高崎経済大学では、授業料の大幅値上げなどを巡って学生のストライキが起き、逮捕者まで出る事態となったが、結局、私学化は回避され、1970（昭和45）年からは学生定員は倍の400人となった。

　都留文科大学は、第2章でも触れたように、様々な苦難を乗り越えて1960（昭和35）年の開学にこぎつけたが、当初から経営難となり、しかも、都留市からの補助は予算全体の1割強に過ぎなかったこともあって、定員の2倍の

学生を入学させ、公立大学の中で最も高い授業料[6]によって、なんとか持ち
こたえていた。

　「事件」が起きたのは 1965（昭和 40）年 5 月 20 日の新校舎落成式の際だっ
た。新校舎の建設費は新入生 1 人当たり 5 万円の寄付と地方債によってまか
なわれていた。起債の償還の多くは後年度の学生の授業料から捻出されるた
め、その多くは学生の負担である。それにもかかわらず、落成式の招待者は
市の関係者が中心で、大学のスタッフや学生は 10 名をかぎって参加を許され
る[7]ということで、全学生の 8 割に当たる 1,600 人がデモを行った[8]。

　これに対して、都留市当局は、教員や学生の処分を求め、市議会は地方自
治法第 100 条に基づく都留文科大学調査特別委員会を設置し、証言を拒否し
た教員の処分を大学に求めた。公立大学に関していわゆる百条委員会が設置
されること自体が異例中の異例であるが、市の要請に屈して、大学側は教員
と学生の処分を決定した。結局のところ、処分の取り消しを求める訴訟が提
起され、都留市が甲府地裁で敗訴し、最終的には 1968（昭和 43）年 1 月に免
職処分の取り消しを行っている。

　1962（昭和 37）年に開学した下関市立大学は、下関市の財政状況の悪化に
伴い、1963（昭和 38）年末には当時の市長が県立か国立に移管すべき[9]と表
明するなど、卒業生を出す前から、その存続が危ぶまれるようになった。そ
の後、国立移管が施設整備の関係などで困難であることから私学移管の議論
が進んでいった。1965（昭和 40）年には赤字財政の中で、下関市は地方財政
再建促進特別措置法に基づく財政再建計画を作成し、大学に関する人件費や
物件費なども大幅に見直す必要に迫られた。

　下関市は大学への予算削減と父兄後援会費をこれまでの 1 万 2,000 円から
6 万 2,000 円[10]と 5 万円引き上げることを表明したが、私学移管や予算削減に
反対するストライキが行われる事態に発展した。最終的にはストライキも解
除され、事態は沈静化したが、財政難から教員不足となり、しばらくは大学
設置基準を下回る専任教員数で大学運営を続けなければならなかった。

3 3つの市立大学に共通する点

　これら3つの市立大学に共通するのは、1950年代から1960年代にかけての地方財政の危機的な状況と、それにもかかわらず、一般市でありながら文系の公立大学を設立し、ほどなく大学運営に行き詰まりを見せたということである。その結果、授業料の値上げなどによって学生の負担は高まり、また、地元優先、あるいは大学の移管という外圧の中で、大学当局と教員・学生、さらには市当局と大学の対立が先鋭化し、社会問題化したのである。これは、公立大学が公立であるがゆえに避けられない問題であり、また、今後も同様の事案が起こり得ないとは断言できないものである。

　その他にも共通する点が幾つかある。第1に学部が1ないし2であるにもかかわらず、公立大学の中では学生数が多いということである。高崎経済大学は学部数が2つの公立大学の中では最も学生定員が多く3,787人、公立大学全体でも94校中8番目である。都留文科大学も2学部の大学では高崎経済大学に次いで学生数が多く、全体でも11番目となっている。また、下関市立大学は、単科大学では神戸市外国語大学に次いで多く、その差は10人に過ぎない。

　第2に、2019（平成31）年度の入学者における県内出身者割合については、都留文科大学が14.3％と下から4番目で、下関市立大学が19.2％と下から8番目、高崎経済大学も28.8％と下から17番目となっている。どの大学も地方会場を数多く設け、全国から受験者を集めている。

　第3に、学生1人当たりの予算額は下関市立大学が65万9,000円と最も低く、次いで高崎経済大学が71万6,000円、都留文科大学が4番目に低く91万1,000円となっている。これは、授業料や入学料、検定料といった大学の自主財源が全体の予算における相当程度の割合を占めているということになる。この他、教員1人当たりの学生数（定員ベース）では高崎経済大学が36.4人と最も多く、下関市立大学は30.0人で4番目、都留文科大学は25.6人で7番目に多くなっている。これらの点から、3大学は公立大学の中では私立大

学に近い経営努力を行っているという評価[11]もできるだろう。

　3大学は、財政難で大学運営が混乱した経緯も踏まえているからか、定員を他の地方公立大学[12]よりも多くなっている。また、受験者数を確保するために、全国から受験しやすいように地方会場を設け、結果として、県内出身者の割合は低くても県内出身者が一定数以上入学していることで地元への説明責任を果たしているのかもしれない。

　このように、文系学部だけということもあるが、現時点では3大学とも設置市の財政負担は他の公立大学に比べると相対的には低くなっていると考えられる。大学紛争から半世紀以上が経過した今、これらの3大学は、公立大学としての一つの生き残りの方向性を示しているともいえるだろう。

4　3つの市立大学と設置市の相克

　3大学の設置市は、どこも厳しい財政事情の中で短期大学を公立大学に昇格させた。大学の側からすれば、充実した教育研究環境を求めるのは当然であり学生にとっても同様である。一方、地方自治体の使命は、地方自治法にも述べられているように住民の福祉の増進[13]とされている。

　3大学で起きたことは、大学の自治・学問の自由と地方自治の相克であり、筆者の最も強い関心を持つところでもある。また、これは高橋のいう公立大学の脆弱性をもたらすものでもあるだろう。ここでは、高崎市に関して、特に財政的な面から大学と市の相克を改めて論じることとする。

　住民の福祉の増進とは、高崎市の場合では当然のことながら高崎市民の福祉の増進となる。たとえば、高崎経済大学の問題が市議会で大きく取り上げられた1965（昭和40）年には約17万4,000人の高崎市民の生活を守ることが高崎市の使命だった。

　一方、高崎経済大学に関しては、定員ベースでいえば、1965（昭和40）年は1学年200人、4学年で合計800人となり、その多くの出身はともかく生活の本拠を高崎市にしていたと考えられるが、仮に定員の倍の学生が入学していたとしても市民総数の1%にも満たない数である。

　高橋によれば、高崎経済大学の校舎移転・新築に関して、1959（昭和34）年に後援会が建築を行い、その際、後援会が銀行から1億4,000万円を借り入れ、市は6,000万円を後援会に寄付する[14]という形式をとったとしている。これは、最終的に後援会が作った施設を市に寄付するという起債に関する一種の抜け穴のような手法を用いている[15]。仮に借入金と市からの寄付だけが事業費だったとしても2億円となる。この額は後述するように市の財政規模を考慮すれば大変大きなものである。

　また、1965（昭和40）年の高崎経済大学の予算は年間1億2,000万円で、うち7,000万円は授業料その他の収入で賄われ、不足の5,000万円は市民の税金[16]とされていた。

　高崎市史に、高崎市の全体の予算に関する記述がみられるのは1966（昭和41）年度の決算以降である。上記の1959（昭和34）年や1965（昭和40）年とは時点の違いはあるが、1966（昭和41）年のデータなどを用いて、高崎経済大学の運営経費がいかに当時の高崎市の財政を圧迫する要因となっていたかを明らかにする。

　1966（昭和41）年度における高崎市における一般会計の歳入の決算額[17]は33億748万円、うち市税が15億6,701万円、地方交付税がその約10分の1[18]の1億5,745万円となっていた。これは、全国の市の中では財政的に余裕のある団体であることは明らかである。それでも前年度（1965〔昭和40〕年度）における高崎市の大学に対する繰入金が5,000万円だったとすれば、税収の3％、歳入の1％を超過している。また、1966（昭和41）年度の歳出決算によれば、議会費は5,147万円[19]だった。議会にかかる経費とほぼ同額を公立大学に毎年拠出するということに対して、議員の中から異議があがるのは無理からぬことという見方もできるだろう。

　確かに、コネ入学を求めるような市議などの有力者の発言[20]は言語道断ではあるが、市の財政にとって大学への繰入金は大きな財政負担であることは明らかである。また、1965（昭和40）年当時の大学進学率は13％弱、8人に一人の割合だった。苦学生が多かったとしても、大学生を一種の特権階級と目する一般市民も少なくなかったと考えられる中では、市議などの発言は高崎市民の本音を代弁していた側面は否定できないだろう。

　1959（昭和34）年当時の大学建設の事業費を2億円とした場合、高崎市の財政負担はどの程度だっただろうか。1959（昭和34）年度の高崎市の予算規模を示す資料を入手できていないため、ここでは全国の状況から推測を行うとともに、現時点に置き換えて、いかに負担が大きかったかを明らかにする。

　1959（昭和34）年度決算における全国の市町村の歳入総額は6,323億円[21]、1966（昭和41）年度は2兆2,095億円[22]だった。高崎市も全国と同じ伸び率と仮定すると、33億748万円（1966年度の高崎市の歳入）×6,323億円÷2兆2,095億円=9億4,651万円となる。

　仮に多く見積もって、1959（昭和34）年度の高崎市の歳入額を10億円としても2億円は予算規模の20％に相当する。一方、2020（令和2）年度の高崎市の一般会計予算の規模は1,655億円[23]、その20％は331億円となる。これは2019（令和元）年に国内最大級の舞台を備えてオープンした高崎芸術劇場の総事業費260億円[24]を大きく上回るものである。

　高崎芸術劇場は、高崎駅の東口からペデストリアンデッキでつながっている。地上8階、地下1階で客席は最大2,030席、延べ床面積は2万7,000㎡の規模だ。

　また、1965（昭和40）年度の一般会計からの繰入金を5,000万円とすると、2020（令和2）年度予算は1966（昭和41）年度と比べて約50倍の規模となっているので、単純に50倍すると25億円[25]となる。一方、高崎経済大学の2019（令和元）年度における大学経費は約30億円[26]となっている。公立大学に対して、大学予算の8割強となる25億円を市の一般会計から繰り出すとなれば、市議会の理解はそう簡単には得られないだろう。

　これらの見積もりは、一定の仮定を置いていることや若干の時点のずれはあるという点から割り引いて考える必要があるものの、1950年代後半から1960年代前半にかけて、高崎経済大学の運営が高崎市の財政に大きな負担となっていたことは明らかである。

　このように、公立大学と設置市の相克は、財政面を見ればある意味必然ともいえるものだったのである。これが高崎市に比べると財政状況が決してよいとはいえない都留市や下関市であればなおさらであるだろう。国にいわれるまでもなく、市としては同じ教育行政の分野であれば、大学よりも高校、さ

132

らには小中学校を優先すべきと市民や市議会から声があがれば無視はできないだろう。

　地方自治の観点からだけでなく、教育行政の観点からも、このような大変厳しい状況を乗り越えて公立大学の存続を続けてきた3市については、もっと積極的に評価すべきではないだろうか。その意味では、当時の3市の市長や議会の対応を地方財政全般の状況をあまり考慮せずに一方的に批判することは妥当性を欠くといえるだろう。

5　公立大学の統合

　公立大学が統合されるようになったのは、公立大学の法人化が可能になったから生じた現象ではない。すでに、戦後の新制大学の制度が誕生した直後に幾つかの事例をみることができる。

　最初に公立大学同士が統合して誕生したのが、1950（昭和25）年に名古屋女子医科大学と名古屋薬科大学が統合した名古屋市立大学である。また1955（昭和30）年には大阪市立医科大学が大阪市立大学に統合されている。1969（昭和44）年には、京都市立美術大学が京都市立音楽短期大学と統合して京都市立芸術大学が誕生している。

　20世紀の公立大学の統合で比較的大がかりだったのが、静岡県立大学である。これは、静岡薬科大学、静岡女子大学及び静岡女子短期大学の3つの県立大学を1987（昭和62）年に統合・再編したものである。1982（昭和57）年に静岡県議会での問題提起を受けて、当時の山本敬三郎知事が協議会を設置して、関係者による議論を重ね、男女共学化とともに国際関係学部と経営情報学部という新たな学部の設置を提言した。しかしながら、統合再編は行政当局主導で始められ[27]、批判の声も少なくなかった。

　大学の統合はスケールメリットがあるということから市町村合併と類似のものとする見方もないわけではないが、根本的に違うのが新旧における組織の違いである。市町村合併では、基本的にどの市町村も同種の行政サービスを提供しているので、合併によって、たとえば福祉やごみ処理といった事務

がなくなるわけではない。一方、大学の統合の場合、単純に学部がそのまま
引き継がれる場合もあるが、むしろ、再編を契機に時代のニーズにあった、と
いうお題目のもとに新たな学部・学科などが設置される反面、従来あった学
部・学科が縮小あるいは廃止といったことも少なくない。この場合、担当教
員にとってみれば死活問題ではある。

　静岡県立大学の場合、静岡女子大学の学部に関しては、文学部は廃止とな
り、学科に関しては、被服学科は廃止、文学部の国文学科と英文学科は国際
関係学部の中のコースに格下げ、さらには教職課程については縮小、司書課
程も廃止[28]となった。

　このような動きは 2000（平成 12）年以降、さらに加速することとなる。21
世紀に入って、最初の統合は 2004（平成 16）年の兵庫県立大学だった。神戸
商科大学と姫路工業大学、そして公立大学として初の看護系単科大学だった
兵庫県立看護大学が統合したものである。しかしながら、公立大学法人に移
行したのはその 9 年後の 2013（平成 25）年であり、法人化を契機としたもの
ではなかった。

6　石原都政と都立大学の「解体」「再編」

　公立大学に最も強烈なインパクトを残した首長は、石原慎太郎元東京都知
事といっても過言ではないだろう。東京都立大学の「解体」と首都大学東京
への「再編」はその後の公立大学のあり方にも少なからぬ影響を及ぼしている。
　首都大学東京は 4 つの大学が統合・再編して 2005（平成 17）年に新たに誕
生した公立大学である。その前身は、1949（昭和 24）年に設立された東京都
立大学、1986（昭和 61）年に短大が 4 年制に移行して開学した東京都立科学
技術大学、1996（平成 8）年に 2 つの短大が統合した東京都立短期大学、そし
て 1998（平成 10）年に短大が 4 年制に移行して開学した東京都立保健科学大
学である。
　1990 年代後半は、バブル景気の崩壊によって地方財政は悪化し、特に法人
関係の地方税の割合が高い大都市部は地方以上に厳しい状況に置かれていた。

1995（平成7）年に就任した青島幸男東京都知事は、臨海副都心で開催予定だった世界都市博覧会を中止したものの、このほかには目立った政策を打ち出すこともなく、東京都の財政は悪化する一方だった。そんな中で、1999（平成11）年に東京都知事に就任したのが石原だった。

　就任の翌年には4大学の統合を打ち出し、これを受けて東京都と大学側は議論を重ね、6学部からなる東京都大学改革大綱を策定した。しかしながら2003（平成15）年に石原が再選されるとこれまでの議論を積み重ねて策定された大綱を一方的に破棄し、同年8月に「都立の新しい大学の構想について」を学長ら大学関係者との調整もなく発表したのであった[29]。

　その後の首都大学東京開学までの1年半余りの激しい動きと混乱については、マスコミでも連日のように報じられ、また、これに関する著述も少なくない。特に、大学関係者によるものの多くは、石原都政による大学改革を批判的に論じている。

　改革派と称される首長が台頭したのは様々な理由が考えられるが、1990年代の政治情勢が大きく影響しているのは間違いない。その一つは、地方分権の進展である。政治改革と行政改革が国政の大きな争点となる中で、国から地方へという地方制度改革が注目を集め、地方分権改革がクローズアップされたのである。国から地方への権限移譲は、すなわち、地方自治体のトップである首長の権限が大きくなることを意味する。それまでも国政から地方政治の場へ転身する政治家は少なくなかったが、石原のように国務大臣を歴任し、総理の座を目指した者が東京都のリーダーとなったのは、まさに首長職が「一介」の国会議員よりもはるかに政治的に魅力的であるからだ。

　改革派首長は、閉塞感が渦巻く現状に不満を抱く有権者の心を掴んでいく。その最大のポイントが「改革」[30]である。改革派首長は現状維持を主張したり、改革に異を唱える者を抵抗勢力とレッテルを張り、自らの主張を正当化する。改革は善であり、現状維持は悪であるといわんばかりである。別の言い方をすれば、民主的に選ばれた知事は、既得権益を守ろうとする大学人の意思を忖度する必要がない[31]、ということになるのだろう。

7　改革の是非

　石原が都知事就任後矢継ぎ早に打ち出した政策の中には、ディーゼル車排ガス規制や羽田空港再拡張など着実に成果を収めているものも少なくない[32]。しかしながら、東京都の大学改革はわずか15年で修正を余儀なくされてしまったのである。

　改革の是非については、大きく、改革の内容に対するものと、改革の手法に対するものに分けられる。東京都の大学改革では、多くの著名な教員が反対声明を出し、また、東京都立大学を去っていったことなどから、大学の外からみると、当事者の大学教員の大多数が改革内容に反対していたようにも思われるが、実際には、東京都立大学以外の三大学学長は、「都の方針に賛同し」積極的に改革を推進するとの声明を出して[33]いるように大学全体では必ずしも一枚岩ではなかった。

　また、東京都立大学の中にも、自主的な改革の動きはあった。たとえば人文学部社会学科による改革の試みがあったものの、自主改革を阻む最大の原因が平等主義であった[34]とされている。大学の常識は世間の非常識[35]と揶揄されることも少なくない。

　このように、石原の改革の内容に決して批判的な者ばかりではなかったにもかかわらず、強引な手法に対しては、学内改革派も反発したのだった。

　このような学内改革派を上手に取り込むことをすれば、また、状況は変わっていたかもしれないとも思われるが、残念ながら改革派首長の多くは外から自分の気心の知れた人材を重用する傾向にあることは否めない[36]。結果として、改革以前と比べても一層の現状維持、悪平等主義になってしまった[37]との評価もある。

　東京都の大学改革の中で、外部から最も注目を集めたのは、その改革内容よりも新しい大学の名前だったのではないだろうか。首都大学東京という名前は、日本の大学名としては極めて異例である。基本的にはどの大学も〇〇大学と最後は大学が付くが、ここでは大学の後に地名である東京がつけられ

ている。

　当初は新大学の名称に対する公募で東京都立大学が64％と圧倒的な支持を受けていたのに対して、4位の首都大学に東京の名称を加えるというトップダウンの手法で強引に決定されたのだった[38]。

　ネーミングにこだわるのは、なにも改革派首長に限った話ではないが、石原の場合、芥川賞作家ということもあってか、言葉へのこだわりは他の政治家以上にあったのだろう。新銀行東京もその一つだったが、結果としてどちらもその名は後世には残らなかった。

8　先祖返り？

　改革派首長が残した足跡を消し去るというのも、その後継者などによって頻繁に行われている[39]。これもまた、改革派首長の特徴の一つである。実際、首都大学東京も新銀行東京も小池百合子知事によって看板が架け替えられている。

　2018（平成30）年度には組織改正が行われ、首都大学東京の目玉の一つであった都市教養学部については、4学系を再編してそれぞれ学部として設置した。これは、旧東京都立大学時代に設置されていた人文学部、法学部、経済学部、理学部が、人文社会学部、法学部、経済経営学部、理学部に置き換わったということである。

　法学部と理学部については全く同じ名称だが、新しい東京都立大学では社会学と経営学の存在感を示すためかそれぞれが名称に加えられている。もともと社会学や経営学を専攻する教員がいなかったわけではなく、学内の様々なパワーバランスの中で名称が若干変わったということなのだろう。このほか、都市教養学部とシステムデザイン学部に分けられていた工学分野の再編や新しい学部構成に対応した大学院の再編も行われている。

　このように、15年間の紆余曲折を経て、旧東京都立大学とは表面上はあまり変わらない学部構成となったことについて、東京都立大学の関係者はどのように感じているのだろうか。特に、改革に強く異を唱え、大学を去ること

を選んだ教員は今どのような想いなのだろうか。

　改革派首長の特徴の一つが先にも触れたように、抵抗勢力を明確にする[40]ことである。多くの場合、改革の実績とは改革したことそのものであり、改革すること自体が目的化する傾向にある。また、改革が生んだ具体的な成果ということには改革派首長はもちろんのこと、マスコミや我々もあまり関心を示さない[41]。このことが改革派首長を勢いつかせている一因でもある。

　石原が旧態依然たる大学を大胆に改革した[42]とのイメージを売り込み、都民の喝采を得ることが最大の目的であったとしたら、その限りでは成功した[43]ということになるのだろう。

　これらのことは、一般的にポピュリストに共通するものと考えられる。そもそも、石原自体がポピュリスト政治家の代表格として見なされるからである。教育政策についていえば、ポピュリストの潮流は、教師バッシング、大学教授バッシングにつながった[44]のであり、このことは後述する大阪などの動き[45]とも合致する。

　結局のところ、2020（令和2）年4月1日からは、再び東京都立大学の名称となったのである。ちなみに東急東横線の都立大学駅は駅名変更することなく、現在に至っている。もちろん、東京都立大学そのものは首都大学東京となる前の1991（平成3）年に八王子市の南大沢に移転しているが、多くの人に名称が定着しているからか、駅名に関しては大学がなくなっても変えていない。今となってみれば、最も賢明な判断を下していたのは東急だったのかもしれない。

9　大阪の大学統合

　大阪の公立大学もまた、改革の波の中で大きく翻弄されている。もともと大阪府内には4つの公立大学があった。大阪市立大学と3つの府立大学である。まず1949（昭和24）年に開設された浪速大学は、1883（明治16）年に設置された獣医学講習所を前身として主に理工系の教育を担ってきた大学であり、1955（昭和30）年に大阪府立大学と名称が変更された。次に女子専門学

校を前身とする大阪女子大学は 1949（昭和 24）年に開設された府立大学。そして、1994（平成 6）年には大阪府立看護大学が開設された。

　これらの 3 つの府立大学が 2005（平成 17）年に統合され、新たな大阪府立大学が開設された[46]。翌年には設置者が大阪府から公立大学法人大阪府立大学に移管されている。一方、大阪市立大学は、大坂商業講習所を前身としていて、1928（昭和 3）年に旧制の大阪商科大学として発足した。1949（昭和 24）年に新制の大阪市立大学となり、1955（昭和 30）年には大阪市立医科大学を編入し、大阪府立大学同様、2006（平成 18）年には公立大学法人に移行している。

　府立と市立、この 2 つの公立大学が改革の俎上に上がったのは、大阪都構想が提起され、特に、大阪府と大阪市の二重行政の解消が大きな争点となったことによる。大阪府と大都市である大阪市のあり方を巡る議論は戦前戦後を通じて再三行われてきた。元々大阪府は大都市である大阪市を解体したいと考え、大阪市は府からの独立を模索していた[47]のであるが、どちらかといえば、行政内部の議論に終始し、住民からは必ずしも高い関心が示されていたわけではない。

　これが、2010（平成 22）年に大阪維新の会が大阪都構想を提起し、2011（平成 23）年 4 月の統一地方選挙と 11 月の大阪府知事・大阪市長のダブル選挙で圧勝したことによって、様々な行政分野における二重行政の問題が多くの住民にも認識されるようになったのであり、大学の分野でも大阪府立大学と大阪市立大学のあり方が争点として取り上げられるようになったのである。

　大阪府立大学と大阪市立大学の統合に関しては、2012（平成 24）年 5 月に新大学構想会議が大阪府と大阪市によって設置され、翌年 1 月には新大学構想＜提言＞が作成されている。その後、大阪市会で大学統合関連議案が否決され、当初目指していた 2016（平成 28）年の大学統合は延期となった。

　2015（平成 27）年の大阪都構想を巡る住民投票が僅差で否決されたものの、その後も大学統合の議論は進められ、2019（平成 31）年 4 月には 2 つの公立大学法人がまず統合され、公立大学法人大阪が設立された。

　同年 8 月には新大学基本構想が策定され、2022（令和 4）年 4 月に公立大学としては最大規模となる大阪公立大学の開学に向けた作業が進められている。

10　府市合わせの統合の先に

　大阪府立大学と大阪市立大学の統合に関しても、東京都立大学同様、大学の中では反対する声も少なくなかったが、全般的には府民や市民を巻き込んだ大きな反対運動とはならなかった。この点は東京と同じともいえよう。

　統合問題では、大学の運営費交付金を大阪府も大阪市も拠出し続けることが問題であるということもいわれていたが、公立大学の財政システムをみれば明らかなように、学生数に応じた額が普通地方交付税の基準財政需要額に加えられる。大阪府や大阪市の実質的な持ち出しはそれぞれの財政規模からみれば必ずしも大きなものではない。この点も誇張して改革の必要性が叫ばれた側面は否めない。

　一方、大学の統合自体を否定的に考える住民は決して多くはないとも思われる。学生定員が大幅に削減されれば話は別ということになるだろうが、多くの大学で時代の変化に的確に対応し、社会のニーズに合致した、というようなお題目の下で、学部の改組が国公私立を問わず行われている。国際、グローバルから文理融合、ライフサイエンス、データサイエンス、社会システムなど様々な冠をつけた学部や学科が全国各地の大学で設立されている。

　また、市町村合併や金融機関の統合など、組織の再編・統合は身近なところで起きている。人口減少時代に現状の組織のままで存続させることは困難で、なんらかの変更は不可避という認識は多くの人が抱いているのではないだろうか。

　大学についても、大阪に関しては、2005（平成 17）年には 3 つの府立大学が統合して大阪府立大学に再編されている。また、国立大学も大阪大学と大阪外国語大学が 2007（平成 19）年に統合して大阪大学となった。大阪府民にとって、大学の統合というのは決して唐突なものではなく、経営の効率化などが期待されるとなれば、大学の外から反対する声は大きくならないだろう。また、このことは、全国どこでも多かれ少なかれ該当すると思われる。

　二重行政の問題に関しても、たとえば府立図書館と市立図書館が 2 つで無

駄が多いということから館そのものを減らして1つということになれば、サービスの低下につながるとして住民の反対運動も盛り上がるだろうが、大学の統合の場合、大学名という看板は変わっても、キャンパスそのものが廃止となることはまずなく、学部等も改組されるにしても基本的に大幅に少なくなるということは実際には起きていない。教職員数に関しても、今のところは同様である。公立大学の統合が直接、地域住民の生活に影響するということはほとんどないのだ。

　実際、新大学の構想では、大阪の発展を牽引する「知の拠点」として大学が有する教育、研究、社会貢献の3つの基本機能のさらなる強化を掲げつつ、統合によるシナジー効果を加味して、都市シンクタンク機能と技術インキュベーション機能の2つの新機能とスマートシティ、パブリックヘルス／スマートエイジング、バイオエンジニアリング、データマネジメントの4つの戦略領域を掲げ、国際力の強化も図るとしている。

　カタカナ言葉が並ぶことも含めて、昨今の大学改革で多くの大学が示す方向性とさほど変わらない内容となっている。統合に向けた議論の進め方などについては、少なからず問題があったと大学関係者などから多くの指摘がされているが、地方政治の世界では、大阪維新の会の圧勝が続き[48]、結局のところ、大阪では大学の自治に地方自治が勝ったということなのかもしれない。

11　公設民営大学とは

　公設民営とは、一般的には国や地方自治体が施設を設置し、その管理運営を民間が行う形式のものである。公設民営大学に関して、特段法令の定義はなく、どの大学を含めるかについても識者によって異なるもので、広くとれば私立大学の誘致も含まれうる[49]とするものもある。

　第5章では、大学設置審議会大学設置計画分科会が1984（昭和59）年に示した公私協力方式による地方における大学の設置方式について言及したが、この名称をそのまま用いて公私協力大学と呼ぶことも少なくない[50]。

　公設民営大学と公私協力大学の違いについては、前者を運営主体となる学

校法人の設立を地方自治体が行う場合とし、後者を既にある学校法人に運営を委ねる場合とするものもある。また、公私協力大学の一形態として公設民営大学を位置づけるものもある[51]。

　本研究では、地方自治体における公共施設などに対する公設民営方式では、民営の主体に関しては既存の民間団体だけでなく、地方自治体が自ら設置した第三セクターも含まれる場合が通例のため、この分類の考え方に揃えて、公私協力大学と称されるものも含めて、公設民営大学と称することとする[52]。

　いずれにしても、公設民営大学では学校法人に対して校舎等の建設費や運営費の一定額を補助するため、議会の議決も必要であり、また、首長の政治的な決断がなくしては当然進まないものである。

　公設民営大学についても、村田（1994）や高橋の先行研究で詳しく述べられている。高橋によれば、村田（1994）の先行研究は民営の観点から検討しているのに対し、高橋の場合は公設の面から[53]であるとしている。公設民営大学に対しては、一種の民業圧迫であるという批判が影響を直接受ける私立大学関係者などから強く示されることがある[54]。特に、公設民営大学が公立化される際には、私立大学などの反発だけでなく、地方自治体の公費を大学設立時だけでなく、追加で投入するということが問題視されうる。

　全国初の公設民営大学は山形県と山形市が主導して 1992 年（平成 4）に開学した東北芸術工科大学といわれる場合が多いが、実際には 1966（昭和 41）年に長野県塩田町（現上田市）によって開設された本州大学（現長野大学）が我が国初の公設民営大学である。

　1990 年代に入ると公設民営大学は全国各地で誕生した。1980（昭和 55）年に国土庁が学園計画地ライブラリーを開設したのは、特に市町村で大学誘致の動きが過熱したからであることは第 5 章でも触れたとおりである。私立大学の誘致に成功したところもあるが、多くの市町村では計画倒れに終わっている。また、1980 年代後半のアメリカの大学を日本に誘致するブームも数年で終息している。

　そのような状況の中で、1992（平成 4）年に開学した東北芸術工科大学は、これまで山形県内の 4 年制大学が山形大学だけという状況の中で、県内の進学先を増やすために、4 年制大学をつくること自体が目的であった[55]。同様

に、山形県は 2001（平成 13）年に東北公益文科大学を酒田市に開学した。

　両大学とも既存の短期大学を改組したのではなく、まったくの新設大学である。大学運営にいわば素人であった山形県にとっては、ノウハウをもつところの支援が欠かせなかった。東北芸術工科大学の場合は、京都造形芸術大学（現在の京都芸術大学）を運営する瓜生山学園であり、東北公益文科大学の場合は、慶應義塾大学である。

　既存の学校法人との連携という意味で、地方自治体とつながりが深いのが東京理科大学である。地方自治体の大学誘致に際しては、テクノポリス構想などとの関連もあってか、理系の大学・学部を希望するところも少なくなかった。1987（昭和 62）年には山口県などの誘致によって山口県小野田市に東京理科大学山口短期大学が開学し、1995（平成 7）年には 4 年制の山口東京理科大学となり、2016（平成 28）年に山陽小野田市立山口東京理科大学に移行している。また、同様に地元自治体の誘致によって、1990（平成 2）年に長野県茅野市に開学した東京理科大学諏訪短期大学も、2002（平成 14）年に 4 年制の諏訪東京理科大学となり、2018（平成 30）年に公立化し、公立諏訪東京理科大学に移行している。

12　公設民営大学の公立化

　公設民営大学は、設立時に校舎建設費などに対して多額の補助を地元自治体から受けるとともに、運営に関しても財政面のみならず、人的面などにおいて多くの支援を受けている。一方、大学としての位置づけは私立大学ということもあり、国公立大学に比べると高い学費で、多くの大学で志願者数の確保などに課題を抱えている。

　このような状況の中で、最初に公立化した公設民営大学が 1997（平成 9）年に開学した高知工科大学である。高知県には当時 4 年制大学は高知大学と高知女子大学しかなく、特に工学部の設置に関する地元の要望は強いものがあった。1991（平成 3）年に当選した橋本大二郎知事の公約の中にも工学系大学の設置が盛り込まれていた。

自治省の整備の審査基準における一都道府県あたりの標準設置数は人口200万以下で、4年制大学1校[56]となっていたが、高知県内には、すでに高知女子大学という公立大学があるため、新設の公立大学という選択肢は当時としてはなかった。また、高知女子大学に工学部を増設することも一案ではあったが、共学化に関しては、大学内外での調整に相当な時間を要することが予想された[57]ため、高知県が約250億円の設置経費を負担して私立大学として開学したのである。

　高知工科大学は2009（平成21）年に公立化した。公立化したことによって、授業料は国立と同じレベルとなり、志願者は激増した。翌年には静岡文化芸術大学、沖縄県名護市の名桜大学が公立化するなど、この動きは加速し、2020（令和2）年時点で10の大学が公設民営大学から公立大学に移行している。

13　公立化の効果と課題

　文部科学省と総務省は、それぞれのホームページで「私立大学の公立化に際しての経済上の影響分析及び公立化効果の「見える化」に関するデータ」を公表している[58]。

　ここでは、公立化効果（地域への貢献度合い）に関する指標として、入学志願倍率、地域内入学者率、入学定員充足率、収容定員充足率、就職率及び地域内就職率の6つが採用されている。

　このうち、就職率及び地域内就職率については、公立化の年度における全国の就職環境に大きく影響を受けるため、ここではこれらを除く4つの指標について、公立化年度と前後2か年の状況について10大学の変化から公立化の具体的状況を明らかにした。

　なお、地域内入学者率については、都道府県立大学では都道府県内の入学者を対象としているのに対して、市立大学では当該市内の入学者が対象として示されるのが通例であるが、本書では比較のエリアをすべて都道府県内と統一して県内出身者を用いて比較を行った。また、2020（令和2）年度までのデータを用いたことから、2019（令和元）年開学の公立千歳科学技術大学に

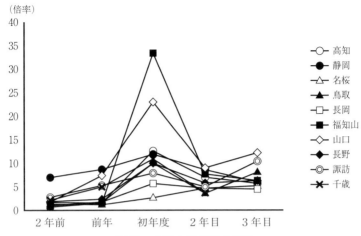

図20　入学志願倍率の推移

出典：文部科学省ホームページ「私立大学の公立化に際しての経済上の影響分析及び公立化効
果の「見える化」に関するデータ」をもとに筆者作成。

表17　入学志願倍率の推移

大学名	2年前	前年	初年度	2年目	3年目
高知	1.7	1.6	12.6	7.0	5.7
静岡	7.0	8.7	11.9	8.6	6.0
名桜	1.3	1.2	2.7	4.7	5.2
鳥取	1.0	1.7	10.0	3.6	8.1
長岡	1.0	1.8	5.7	4.7	4.5
福知山	0.7	1.5	33.4	7.7	6.3
山口	1.8	7.4	23.0	9.0	12.2
長野	1.9	2.4	10.0	5.8	6.3
諏訪	2.8	5.3	7.9	5.0	10.4
千歳	2.2	5.0	10.9	3.7	―
平均	2.1	3.7	12.8	6.0	7.2

出典：文部科学省ホームページ「私立大学の公立化に際しての経済上の影響分析及
び公立化効果の「見える化」に関するデータ」をもとに筆者作成。

ついては、公立化3年目のデータはない。

　公立化の効果が最も顕著に示されているのが入学志願倍率である（図20、表

表18　4年目以降の入学志願倍率の推移

大学名	4年目	5年目	6年目	7年目	8年目	9年目	10年目	4-10年目平均
高知	5.1	4.3	5.7	5.2	4.8	4.9	5.2	5.0
静岡	6.3	6.0	5.3	6.5	6.2	6.0	5.8	6.0
名桜	3.5	3.8	3.9	3.7	3.7	3.7	4.1	3.8
鳥取	5.6	6.2	4.6	6.1	6.0	4.9	—	5.6

出典：文部科学省ホームページ「私立大学の公立化に際しての経済上の影響分析及び公立化効果の「見える化」に関するデータ」をもとに筆者作成。

17)。公立化2年前の10大学の単純平均では2.1倍、静岡文化芸術大学の7.0倍を除くとどの大学も3倍以下で、2倍を切る大学が7つ、このうち1倍以下が3つで、最も低い福知山公立大学の前身である福知山成美大学は0.7倍と志願者数が定員割れとなっていた。

　これが公立化の前年となると高知工科大学と名桜大学以外[59]はすべて志願倍率が上がり、特に山口東京理科大学は1.8倍から7.4倍と、4倍以上となっている。10大学平均でも3.7倍で、このうち4大学の倍率は5倍以上だった。

　公立化初年度における入学志願倍率はさらに上昇している。10大学平均で12.8倍、このうち7大学が10倍以上だった。最も高かったのが福知山公立大学で、1.5倍から33.4倍と22倍以上の驚異的な伸びとなっている。2009（平成21）年に最初に公立化された高知工科大学が1.6倍から12.6倍へと大幅に入学志願倍率を上げたことが、他の公設民営大学に公立化を決断させる大きな要因となったことは明らかである。

　公立化2年目には、初年度の倍率が最も低かった名桜大学以外は倍率を下げているが、それでも10大学の平均は6.0倍となっている。これは2015（平成27）年度から2019（令和元）年度までの各年度における公立大学全体の平均よりも高くなっている。

　公立化3年目には、公立千歳科学技術大学[60]を除く9大学のうち、5大学で倍率が上昇したこともあって、平均では7.2倍とやや増加している。

　入学志願倍率は公立化4年目以降も安定的に推移している。2012（平成24）年以前に公立化した4大学[61]についてその後の状況をまとめたのが表18である。

146

表 19　入学定員充足率の推移

大学名	2年前	前年	初年度	2年目	3年目
高知	0.81	0.92	1.13	1.08	1.07
静岡	1.19	1.20	1.13	1.14	1.13
名桜	0.82	0.83	1.03	1.09	1.07
鳥取	0.54	0.81	1.07	1.07	1.20
長岡	0.67	1.04	1.07	1.12	1.14
福知山	0.57	0.72	1.16	1.22	1.00
山口	0.82	1.82	1.11	1.02	1.03
長野	1.16	1.12	1.21	1.11	1.01
諏訪	0.86	1.22	1.14	1.03	1.07
千歳	0.88	1.16	1.05	1.09	—
平均	0.8	1.1	1.1	1.1	1.1

出典：文部科学省ホームページ「私立大学の公立化に際しての経済上の影響分析及び公立化効果の「見える化」に関するデータ」をもとに筆者作成。

表 20　収容定員充足率の推移

大学名	2年前	前年	初年度	2年目	3年目
高知	0.97	0.91	0.96	1.00	1.08
静岡	1.24	1.23	1.19	1.18	1.17
名桜	0.89	0.96	0.98	1.00	1.03
鳥取	0.51	0.58	0.73	0.86	1.02
長岡	0.88	0.87	0.90	0.97	1.11
福知山	0.47	0.51	0.58	0.91	1.03
山口	0.82	1.08	1.12	1.18	1.19
長野	0.99	1.06	1.10	1.14	1.10
諏訪	0.72	0.83	0.94	1.02	1.10
千歳	0.75	0.89	0.97	1.05	—
平均	0.8	0.9	0.9	1.0	1.1

出典：文部科学省ホームページ「私立大学の公立化に際しての経済上の影響分析及び公立化効果の「見える化」に関するデータ」をもとに筆者作成。

　このように、公立化の効果は一時的なものではなく、少なくとも10年程度は続いていることがデータからも示されている。
　入学志願倍率の増加は、入学定員充足率の改善にもつながる。表19によれ

ば、公立化2年前は1倍を超えていたのは静岡文化芸術大学と長野大学の2
校だけで、残りの8校は定員割れが常態化していた。全体の平均でも0.8倍
だった。これが、公立化1年前には4校に減り、公立化によってすべての大
学が1倍を超えている。ちなみに、公立化前年から公立化3年目までの平均
はすべて1.1倍となっている。

　10大学の中でも劇的に改善されたのが公立鳥取環境大学と福知山公立大学
である。公立化2年前はともに0.6倍にも満たなかったものが、公立化初年
度にはそのほぼ倍となっている。

　入学定員充足率が上昇すれば、当然のことながら大学全体の収容定員充足
率も改善される。表20は収容定員充足率の推移である。

　収容定員充足率については、公立化2年前には静岡文化芸術大学以外はす
べて定員割れとなる1倍未満だったが、公立化前年には3校が1倍を超え、公
立化2年目には10校中7校が、公立化3年目には9校すべてが定員割れから
脱却している。

　一方、公立化に伴って6つの指標の中で値が大幅に低下したのが県内出身
者率である。公立化することによって授業料が下がることは特に志願者の家

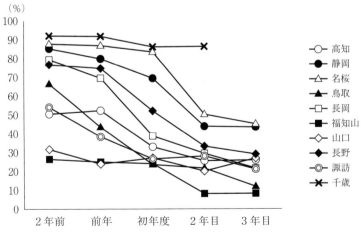

図21　県内出身者率の推移

出典：文部科学省ホームページ「私立大学の公立化に際しての経済上の影響分析及び公立化効果
　　　の「見える化」に関するデータ」をもとに筆者作成。

148

表21 県内出身者率の推移

大学名	2年前	前年	初年度	2年目	3年目
高知	50.5%	52.3%	33.0%	25.6%	26.0%
静岡	85.2%	79.8%	69.4%	43.9%	43.5%
名桜	87.7%	86.8%	83.4%	50.3%	45.2%
鳥取	66.4%	43.5%	23.6%	21.7%	12.0%
長岡	79.4%	69.5%	38.8%	29.5%	21.7%
福知山	26.5%	25.0%	24.1%	8.2%	8.3%
山口	31.7%	23.9%	27.1%	20.1%	27.0%
長野	76.7%	74.7%	52.1%	33.3%	29.1%
諏訪	54.1%	38.4%	26.6%	28.1%	21.2%
千歳	92.0%	91.7%	86.1%	86.3%	―
平均	65.0%	58.6%	46.4%	34.7%	26.0%

出典：文部科学省ホームページ「私立大学の公立化に際しての経済上の影響分析及び公立化効果の「見える化」に関するデータ」をもとに筆者作成。

庭にとっては大きなメリットとして受け止められる。入学志願倍率の増加は、全国各地から志願者が集まっている証左でもある。県内出身者率の推移を表したのが、図21と表21である。

図21からも明らかなように、どの大学も基本的には県内出身者率は低下傾向にある。公立化2年前の県内出身者率の単純平均[62]は65.0%だった。半分の5校が75%以上、すなわち学生の4人に3人は大学が所在する都道府県の出身者だったが、公立化前年には58.6%となり75%以上の大学は4つだった。公立化初年度には46.4%となり、県内出身者率の割合が半分に満たない大学も6つと過半数となった。

県内出身者率は公立化2年目にさらに低下している。全体で34.7%となり、10校中6校で地元出身が3割を切っている。また、公立化3年目にはすべての大学で地元出身が半分以下となっている。

このように、国は公立化の効果を様々な指標に基づき示しているが、懸念される課題も少なくない。教育ジャーナリストの木村誠[63]は以下の4点を指摘している。

①私学の独立性と他の大学との公平性の問題

②既存の大学の教職員の雇用継続や、校舎・設備を基本的に受け継ぐことが多いので、新設と違って思い切った大学づくりができないこと

③公立化の即効効果として地元高校生の定着を狙っても逆効果になりやすいこと[64]

④行政や議会の場で、視野の狭い地元重視の意見に振り回される可能性があること

　すくなくとも、私立大学にとって公立化が万能な打ち出の小槌ではないということだけは関係者も肝に銘じる必要はあるだろう。

14　公立化を巡る最近の動き

　私立大学の公立化を巡る動きは全国各地で起きている。地方自治体が公立化に向けた検討を表明するケースもあれば、大学側が公立化を強く要望するケースもある。その中で、大学側の強い要望にもかかわらず、地方自治体が明確に公立化を否定したケース[65]が、新潟県柏崎市の新潟産業大学だ。

　新潟産業大学は、私立の新潟短期大学が 1988（昭和 63）年に 4 年制に改組再編されて誕生した大学だ。設立費用はすべて地元地方自治体からの助成によるもので、28 億 1,000 万円のうち、柏崎市が 22 億円を、新潟県が 6 億円を、残りの 1,000 万円を周辺市町村が負担した[66]。

　その後、志願者数の低迷が続く中で、2014（平成 26）年 11 月 7 日に新潟産業大学から「新潟産業大学の公立大学法人化について」の要望書が、柏崎市に提出された。大学側は、公立大学の法人化による学生の増加や無借金経営を訴えるのに対して、柏崎市は大学自らが行う大学改革を前提に公立大学法人化の検討を行うこととし、これに対する支援を行ってきた。しかし、学生確保の状況が好転しないことなどから、その運営形態について判断するために外部のコンサルタントに公立大学法人化可能性調査を委託した。

　報告書では、「柏崎市が、新潟産業大学の存続を前提とし、公立大学法人化

を実施するための諸条件として、新潟産業大学では、相場より高い授業料、今よりも更に大きな定員規模を満たすに足る魅力化を図り、実行できなければならない」[67]と結論付けていて、これをもとに、2018（平成30）年2月14日に財政面から市として公立大学法人化に舵を切ることは難しいと櫻井雅浩市長は市議会全員協議会で表明し[68]、大学側も公立化によらない大学改革を断行し、存続の道を歩むこととなった。

2021（令和3）年4月現在で、私立大学の公立化の議論が表面化しているものとして、旭川大学、東北公益文科大学、美作（みまさか）大学、徳山大学などがある。このうち、以前から公立化に向けて様々な検討を行っているのが旭川大学だ。

旭川市では2010（平成22）年に東海大学芸術工学部（旭川キャンパス）の学生募集停止が発表され、これを受けて、翌2011（平成23）年には旭川市に公立「ものづくり」大学の開設を目指す市民の会が結成され、市に対する要望書が提出されている。

一方、旭川大学はこれまで公立化した私立大学とは異なり、地方自治体の支援を受けずに1968（昭和43）年に開学している。旭川大学は2013（平成25）年に市に対して公立化に関する要望書を提出し、これを受けて市独自で高等教育機関に関する調査を実施し、検討課題などを整理している。2016（平成28）年に再度、旭川大学から公立化に関する要望書が提出されたことから、検討のための有識者懇談会などを設立して議論を進め、旭川市としては旭川大学の公立化を目指すこととしたが、市議会は反市長派も少なくない。また、近隣で公立大学を持つ名寄市も学生の取り合いなど競合が起きると反発している[69]が、2019（令和元）年に西川将人市長は公立化を正式に表明した。

2020（令和2）年第1回定例会で、旭川大学をベースとした公立大学の設置にかかわる予算が可決されたものの、予算の執行に当たっての条件を付す附帯決議が可決[70]された。2022（令和4）年度の公立化を目指していたが、不透明な状況が依然として続いていることもあって、2020（令和2）年10月には目標を1年延ばし、2023（令和5）年度の公立化を改めて目指すとしている[71]。

東北公益文科大学は、2001（平成13）年に山形県と酒田市、鶴岡市など14市町村が設置費用を負担して開学した公設民営大学である。2020（令和2）年の3月議会で、丸山至酒田市長が、東北公益文科大学の公立化の検討を施政

方針演説で明らかにした[72]。

　　ここ数年、入学者数は定員235人が確保され、経営的にも順調だが、今後18歳人口が減少する中で、地方の私立文系大学の経営は厳しくなる。（全国の）公設民営で開学した大学のほとんどが学生確保や経営が困難になってから公立化されたが、そうなってから議論しては手遅れになる可能性がある。中長期的な視点で安定的に学生を確保し、若者が集まる地域の拠点として存続させるには、経営が順調な今、公立化を検討する必要がある。

として、経営が順調なうちに公立化すべきとの考えを示している。しかし、2021（令和3）年1月24日に実施された山形県知事選挙を巡って、新たな動きが起こっている。山形新聞によれば、「公益大公立化の検討組織設立準備、停止の意向　県、知事選投開票翌日に酒田市に連絡」[73]とのことである。知事選で4選を果たした現職の吉村美栄子知事ではなく、丸山至酒田市長が対抗馬を支援したことが理由ではないかとも考えられる。ここでも地方政治の動きが公立大学に様々な影響を及ぼしているのである。

　岡山県津山市にある美作大学は、1967（昭和42）年に開学した生活科学部を持つ単科大学である。津山市では、2020（令和2）年2月17日に公立大学設置などを検討する有識者会議を2020（令和2）年度の早期に立ち上げる方針を明らかにした[74]。津山市には1966（昭和41）年に開学した作陽学園大学があったが、1996（平成8）年に倉敷市に移転したこともあり、また、系列の作陽高校も倉敷市に移転することが明らかとなった[75]ため、強い危機感をもったと考えられる。

　山口県の徳山大学は、1971（昭和46）年に開学した経済学部と福祉情報学部を持つ大学である。2019（令和元）年4月の市長選で徳山大学の公立化を公約に挙げて当選した藤井律子市長は、徳山大学公立化有識者検討会議を立ち上げ、2020（令和2）年9月16日に第1回会合が開かれた[76]。

　　徳山大学は入学定員は確保できているが、周南、下松、光からの入学

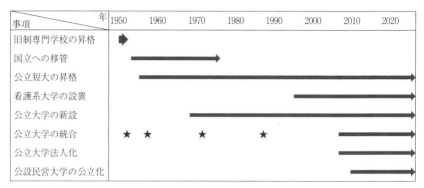

図22　戦後の公立大学の変化

注：昭和期の公立大学の統合は★で示した。
出典：各種資料をもとに筆者作成。

　者数は10％未満、志願者の9割以上が合格し、推薦入学が半数以上、留
　学生や体育奨学生が多く、ビジネス戦略学科では在籍者の70％以上が留
　学生・体育奨学生、大学独自の奨学金制度が13あり、財政面では奨学金
　が赤字の要因、年間退学率が2017（平成29）年度以降上昇していること
　など、厳しい現状が明らかにされた。

　とされている。その後、2021（令和3）年3月18日に報告書が提出されて
いる[77]。
　このように私立大学の公立化に向けた動きは各地で表面化している。コロ
ナ禍で地方財政が大幅に悪化することが懸念される中で、私立大学の公立化
は、個別の地方自治体の財政のみならず、地方財政全体にも一定程度影響を
及ぼすものである。公立大学の数が増え続けることは、地方交付税の基準財
政需要額における大学経費分が増加することを意味するが、地方交付税の全
体の枠が増えない、あるいは縮小することも予想される中では、全体経費が
圧縮されて算入され、結果として個別の公立大学に対する所要額が減少する
ことも考えられる。場合によっては、既に公立大学を設置している地方自治
体から、これ以上の私立大学の公立化は見送るべきという意見も出てくるか
もしれないのである。

　これまでみてきたように、公立大学は今やその数が 100 に達しようとしている。国の大学政策はもちろんのこと、国土政策や産業政策、社会福祉政策などにある意味「翻弄」されつつも、地方自治体をはじめとする地域の様々なアクターの思惑も絡みつつ、公立大学は設立され続けてきた。戦後の公立大学の変化について、年代を追って図式化したのが図 22 である。

注

1）地方自治法上では事件という。
2）高橋寛人『20 世紀日本の公立大学―地域はなぜ大学を必要とするか』日本図書センター、2009 年、171 頁。
3）高橋、2009 年、175 頁。
4）同上。
5）同上。
6）高橋、2009 年、179 頁。当時の都留文科大学の授業料は 2 万 4,000 円で、これは国立大学の 1 万 2,000 円の倍であった。
7）大田堯「一小都市と大学」内田穣吉・佐野豊共著『公立大学―その現状と展望』日本評論社。1983 年、84 頁。
8）高橋、2009 年、180 頁。
9）高橋、2009 年、185 頁。
10）同上。
11）もちろん、他の公立大学に比べるといわゆるマスプロ教育となっているという批判や教員の教育に関する負担が他の公立大学に比べると多いという見方もないわけではない。
12）学部数が 1 ないし 2 で経済や教育・人文系を主たる分野とする地方大学との比較である。
13）地方自治法第 1 条の 2 第 1 項
　　地方公共団体は、住民の福祉の増進を図ることを基本として、地域における行政を自主的かつ総合的に実施する役割を広く担うものとする。
14）高橋、2009 年、175 頁。
15）いわゆるヤミ起債であり、地方財政法などの規定に違反していたのではないかと考えられる。本来であれば、市立大学であり、市の施設を建設するのであれば、市が地方債を発行するなどして財源を自ら直接調達すべきものである。
16）高橋、2009 年、175 頁。

17）高崎市市史編さん委員会編『新編高崎市史資料編 11　近代現代Ⅲ』高崎市、2000 年、661 頁。

18）1966 年度の地方財政の決算全体では、地方税が 1 兆 7,686 億円、地方交付税が 7,773 億円と地方交付税が地方税の 4 割を超えている。自治省編『昭和 41 年度地方財政白書』大蔵省印刷局、1968 年、37 頁。

19）高崎市市史編さん委員会編、2000 年、663 頁。

20）高橋寛人編著『公設民営大学設立事情』東信堂、2004 年、175 頁。

21）自治省編『地方財政の状況』大蔵省印刷局、1961 年、13 頁。

22）自治省編、1968 年、39 頁。

23）高崎市「高崎市の予算令和 2 年度」
https://www.city.takasaki.gunma.jp/docs/2020020400039/（2020 年 7 月 26 日最終閲覧）

24）日本経済新聞 2019 年 9 月 17 日「高崎芸術劇場、20 日に開業　国内最大級の舞台」
https://www.nikkei.com/article/DGXMZO49905730X10C19A9L60000/（2020 年 7 月 27 日最終閲覧）

25）高崎市の 2021 年度一般会計予算（総額：1,649 億 2,000 万円）の中に占める新型コロナ関連の対策事業費は 4 億 1,000 万円である。この 6 倍強の一般財源を公立大学に投入するとなれば、大きな議論になることは想像に難くない。

26）公立大学協会「令和元年度公立大学便覧　7 経費の総額」
http://www.kodaikyo.org/wordpress/wp-content/uploads/2020/03/7.pdf（2020 年 7 月 27 日最終閲覧）

27）高橋、2009 年、222 頁。

28）同上。

29）いわゆる改革派首長が得意とするゼロベースである。

30）近年、改革という言葉が使い古されてしまったのか、官民問わずイノベーションという言葉で置き換えられるケースが増えている。

31）大嶽秀夫「ポピュリスト石原都知事の大学改革—東京都立大学から首都大学東京へ」『レヴァイアサン』42 号、2008 年、18 頁。

32）田村秀『暴走する地方自治』筑摩書房、2012 年、80 頁。

33）大嶽、2008 年、19 頁。

34）大嶽、2008 年、23 頁。

35）大嶽、2008 年、22 頁では、以下のように人文学部のある意味赤裸々ともいえる実態が述べられている。

　　　実は、社会学・人類学系教員は（年配者を除いて）すべて博士号をもち、

　　コンスタントに論文も書き、研究者としての自覚、自負が強い。それに対して人文系学科には語学教員が多数在籍しているが、博士号もなく、論文も書かない教員が少なくなかった。いってみれば研究者というより、教師であると見なされる傾向にあった。（中略）こうした語学教員も、制度的には研究者とみなされ、全く研究をしない教員も同じように研究費をもらい、ほとんど業績がない場合も教授に昇進させるのが慣行になっていた。

36）実際、石原都知事も公立大学法人の理事長には、一橋大学の同級生で友人である高橋宏郵船航空サービス相談役を充てている。

37）大嶽、2008年、27頁。

38）このような合成のネーミングは市町村合併などによって地名ではよくみられるものである。多くの場合、地名研究家などからは不評であるが、大田区（大森区と蒲田区が合併して誕生し、それぞれの一文字を組み合わせる）や国立市（国分寺市と立川市の中間に位置することから両市の頭一文字を組み合わせる）が合成地名であるからと異議を唱える住民は今ではそう多くはないと思われる。名前というのは使われることによって慣れ親しまれていくという傾向がある。その意味では、首都大学東京、あるいは略称としての首都大がなくなることを残念がる卒業生などの関係者も決して少なくはないと思われる。

39）たとえば、私が三重県財政課長として仕えた北川正恭元三重県知事の後継者となった野呂昭彦前三重県知事は、北川と同じ新進党に属していたが、知事当選後は、組織改革や行政評価など、北川の改革派知事としての評価として挙げられる事項に関して、ことごとくといっていいほど見直しを行い、廃止されたもの（例：グループ制）も少なからずある。

40）田村、2012年、199頁。

41）この点に関して、田村秀『改革派首長はなにを改革したのか』亜紀書房、2014年、161頁では以下のように記している。

　　　改革を英訳するとリフォームとなる。一時期、家の改築などに関して高齢者に付け込むいわゆるリフォーム詐欺が話題になったことがあるが、改革に関してもリフォーム詐欺とならないよう、その検証も含めて、冷静に受け止める必要があるだろう。それは改革派首長が主張する改革も同様である。

42）教育学者の大串隆吉は、以下のように評している。（大串隆吉「東京都立の大学の統廃合・法人化に至る道」『教育学研究』70巻1号、2003年、33頁）。

　　　東京都の大学改革方式は、独自に改革を進め、国に影響を与えようとする

点で、地方分権のひとつのあらわれである。しかし、そのことが大学の自治の保障にならないおそれがあることも示している。すなわち、教育研究の自治にはつながらない地方分権がありうることも示している。

43) 大嶽、2008 年、28 頁。

44) 大嶽、2008 年、27 頁。

45) このほか、横浜市立大学でも、当時の中田宏市長が主導し、大学改革とそれに伴う様々な混乱が生じている。この件について、当事者が記したものとして、たとえば、吉岡直人『さらば、公立大学法人横浜市立大学—「改革」という名の大学破壊』下田出版、2009 年がある。

46) 東京都の大学統合と比較した大阪府の大学統合の特徴について、中田晃『可能性としての公立大学政策—なぜ平成期に公立大学は急増したのか』特定非営利活動法人　学校経理研究会、2020 年、175-208 頁で詳細に分析している。

47) 田村、2012 年、23 頁。

48) しかしながら、2020 年 11 月 1 日に実施された 2 回目の住民投票も大阪都構想は僅差で否決された。

49) 高橋寛人編著『公設民営大学設立事情』東信堂、2004 年、4 頁。

50) 鳥山亜由美「私立大学の公立大学化—その背景と過程」『公共政策志林』5 巻、2017 年、120 頁。

51) 同上。

52) 高橋、2004 年や鳥山、2017 年では含めていない山口東京理科大学、諏訪東京理科大学、福知山成美大学も公設民営大学としている。なお、高橋、2004 年では千歳科学技術大学を公設民営大学と位置づけているが、鳥山、2017 年では位置づけていない。

53) 高橋、2004 年、4 頁。

54) 一例として、船戸高樹「厳しさ増す「公私協力方式大学」問われる存在意義—上」『アルカディア学報』NO.402
https://www.shidaikyo.or.jp/riihe/research/402.html（2021 年 3 月 27 日最終閲覧）

55) 高橋、2009 年、282 頁。

56) 鎌田積「大学大衆化と公立大学」市川昭午編『大学大衆化の構造』玉川大学出版部、1995 年、197 頁。

57) 高橋、2009 年、287 頁。

58) 文部科学省ホームページ
https://www.mext.go.jp/a_menu/koutou/kouritsu/1412396.htm（2021 年 2 月 5 日最終閲覧）及び総務省ホームページ
https://www.soumu.go.jp/iken/shiritsu_koritsu.html（2021 年 2 月 5 日最終閲覧）

59）高知工科大学と名桜大学も 0.1 倍減と微減にとどまっている。

60）公立千歳科学技術大学は開学 3 年目の 2021（令和 3）年度入試においても都道府県内入学率が 50％を大きく上回っていると思われるが、本書執筆時点では詳細なデータは公表されていない。

61）公立鳥取環境大学については、10 年目に当たる 2021（令和 3）年度入試の結果が本書執筆時に公表されていなかったので空欄とした。

62）9 ないし 10 大学の都道府県内入学率を単純平均したものである。

63）木村誠『大学大倒産時代　都会で消える大学、地方で伸びる大学』朝日新聞出版、2017 年、129-131 頁。

64）公立鳥取環境大学や福知山公立大学でこの傾向が顕著である。

65）木村、2017 年、129 頁では、「同じ地域にある新潟工科大学の学長は、日本私立大学協会の機関誌で、私学の独立性という点から公立化を疑問視する文章を発表している」としている。

66）柏崎市議会議員真貝維義のホームページ「新潟産業大学公立法人化法的にはできる」（2014 年 12 月 11 日）
https://www.komei.or.jp/km/shingai/2014/12/11/%E6%96%B0%E6%BD%9F%E7%94%A3%E6%A5%AD%E5%A4%A7%E5%AD%A6%E5%85%AC%E7%AB%8B%E5%AD%A6%E6%A0%A1%E6%B3%95%E4%BA%BA%E5%8C%96-%E6%B3%95%E7%9A%84%E3%81%AB%E3%81%AF%E3%81%A7%E3%81%8D%E3%82%8B/（2020 年 9 月 29 日最終閲覧）

67）柏崎市ホームページ「新潟産業大学公立大学法人化可能性調査報告書」
https://www.city.kashiwazaki.lg.jp/material/files/group/5/houkokusyo.pdf
（2020 年 11 月 22 日最終閲覧）

68）柏崎市議会会議録
http://www.kensakusystem.jp/kashiwazaki/cgi-bin3/ResultFrame.exe（2021 年 5 月 3 日最終閲覧）

69）浅野有紀・濱崎陽平「経営難私大の公立化にみる "延命策" の懸念」『Wedge』2020 年 8 月号、2020 年、18 頁。

70）旭川市ホームページ「公立大学に関するこれまでの経緯（令和 2 年 3 月現在)」
https://www.city.asahikawa.hokkaido.jp/700/735/42315/d068328.html（2020 年 9 月 29 日最終閲覧）

71）日本経済新聞 2020 年 10 月 28 日「旭川大学の公立化を 1 年延期、開学は 23 年 4 月に」
https://www.nikkei.com/article/DGXMZO65551460Y0A021C2L41000/（2021 年 5 月 3 日最終閲覧）

72）荘内日報 2020 年 3 月 5 日「東北公益文科大の公立化の検討　酒田市議会で 5 議

員のうち3議員が多角的質問」

http://www.shonai-nippo.co.jp/cgi/ad/day.cgi?p=2020:03:05:9663（2020 年 10 月
17 日最終閲覧）

73）山形新聞 2021 年 1 月 28 日「公益大効率化の検討組織設立準備、停止の意向
　県、知事選投開票翌日に酒田市に連絡」

https://www.yamagata-np.jp/news/202101/28/kj_2021012800681.php（2021 年 1
月 30 日最終閲覧）

74）山陽新聞 2020 年 2 月 18 日「津山市、美作大の公立化含め検討　20 年度早期に
　有識者会議」

https://www.sanyonews.jp/article/985683（2020 年 10 月 17 日最終閲覧）

75）朝日新聞 2020 年 1 月 18 日「作陽高校が倉敷移転へ　2023 年度の開校目指す」

https://www.asahi.com/articles/ASN1K3D3NN1KPPZB008.html（2020 年 10 月
17 日最終閲覧）

76）新周南新聞社 2020 年 9 月 18 日「周南市徳大公立化会議スタート」

https://www.shinshunan.co.jp/info/2020/0918214713.html（2020 年 10 月 17 日最
終閲覧）

77）周南市ホームページ「2021 年 3 月 18 日【提出】徳山大学公立化有識者検討会
　議報告書」

https://www.city.shunan.lg.jp/site/kaigi/65111.html（2021 年 5 月 3 日最終閲覧）

終　章　公立大学の行く末

1　18 歳人口の推移

　大学にとって、18 歳人口の推移はもっとも気になるところである。欧米では、日本の高等学校に相当する教育機関を卒業していったん就職し、自分で学費を貯めてから大学に入学するケースも少なくない。一方、日本の場合は高校 3 年生が大学受験するケースが大部分となっている。このため、団塊ジュニア世代が 18 歳を迎えた 1980 年代末から 1990 年代初頭にかけては、受験倍率が高くなり、その後は私立大学、公立大学の新設ラッシュとなった。

　18 歳人口の推移については、様々なところで示されている。たとえば 2018（平成 30）年 11 月 26 日に中央教育審議会より答申された「2040 年に向けた高等教育のグランドデザイン」では、「我が国の 18 歳人口の推移を見ると、2005 年には約 137 万人であったものが、現在（2018 年）は約 120 万人まで減少している。今後、2032 年には初めて 100 万人を割って約 98 万人となり、さらには 2040 年には約 88 万人にまで減少するという推計もある」[1]としている。

　しかし現実は、2019（令和元）年の出生数は 86 万人台となり、はじめて 90 万人を下回った。いわゆる 86 万ショックである[2]。2019（令和元）年から 18 年後の 2037 年には中央教育審議会の推計では 18 歳人口を 93 万人と 6 万人以上多く推計している。すなわち、予想よりも早いペースで出生数が減少していることが明らかとなったのである。

　また、中央教育審議会では大学進学率は 2017（平成 29）年に全国で 52.6 ％だったものが、今後も緩やかに上昇し、2040 年には 57.4 ％になると推測され

160

ている。大学進学者数は 2017（平成 29）年の 63 万人をピークに減少局面に入り、2040 年には 51 万人にまで減少すると予想している³⁾。

　少子化の傾向は、コロナ禍による様々な影響が長期化することが明らかとなってきた中で、さらに加速することが十分考えられる。仮に 2020（令和 2）年以降も出生数が想定よりも減少した場合、2040 年時点で 18 歳となる 2022（令和 4）年には 80 万人を切る可能性も否定できない。

　この場合、中央教育審議会が想定している 57.4％の大学進学率（2040 年）どおりだとしても、大学進学者数は 45 万人台となり、想定を 1 割以上下回ることとなる。

　2009（平成 21）年に 121 万人だった 18 歳人口は、その後概ね 120 万人前後で推移し、また、大学進学率が緩やかに上昇していたこともあって、大学進学者総数は微増傾向にあった。このため、大学関係者の中には危機感を持つ者が必ずしも多かったとはいえないのかもしれない⁴⁾。それが 2018（平成 30）年以降、18 歳人口が本格的に減少し、また出生数も国が推計するよりも下げ幅が大きくなる中で、大学を巡る環境はいよいよ厳しさを増してきているのである。

2　大学「倒産」時代の到来？

　公立大学は、1950 年代から 1970 年代前半にかけて国立への移管もあったが、看護系大学の新設や私立大学の公立化などもあって、大学数は増え続け、2020（令和 2）年現在で 94 校ある。一方、国立大学については、21 世紀に入ってから新設されたのは、聴覚や視覚に障害を持つ人を対象とした筑波科学大学（2005〔平成 17〕年）と 5 年一貫制の博士課程を持つ沖縄科学技術大学院大学（2012〔平成 24〕年）だけであり、国立大学法人化などによって大学の統合が進み、数は減少傾向となり、2020（令和 2）年現在で 86 校である。

　私立大学についても平成に入って大幅に増え、2020（令和 2）年現在で 615 校。その一方で、2010（平成 22）年度から 2018（平成 30）年度までに廃止が認可された私立大学は、4 大学院大学、17 大学の 21 に及ぶ。廃止といっても、

統合されるケース（例：九州東海大学→東海大学）や他大学と合併するケース（例：共立薬科大学→慶應義塾大学）もあるが、多くは廃校となっている。

　もちろん、廃校といっても設立主体の学校法人はほとんどの場合、高等学校や専門学校などを併設していることもあって、学校法人自体が潰れることは考えにくく、厳密な意味での倒産ではないが、群馬県の創造学園大学のケースでは、相次ぐ不祥事で文部科学省から学校法人が解散命令を受け、2013（平成25）年に廃止されている。

　また、2020（令和2）年度には広島国際学院大学と福岡県の保健医療経営大学が、2021（令和3）年度には上野学園大学が募集停止となり、数年後には廃止となる。今後も出生数の減少傾向が強まれば、学校法人全体の経営を破綻させないために、早期に大学を「店じまい」するところも一定数出てくることが予想される[5]。

　このような状況が続けば、前章でも触れたように公立化を望む地方の私立大学は増加することが考えられる。この場合、地元自治体の判断は大きく分かれるだろう。

3　大学の行く末

　18歳人口が減少する中で、国立大学、私立大学と公立大学のいわば学生の取り合いという事態がこれまで以上に表面化していくことが考えられる。

　大都市圏の公立大学は、大学の規模としては中規模[6]のものが多く、これまでも同規模の国立大学や私立大学と志願者確保に競い合ってきたが、今後も同様の状況は続くのではないかと考えられる。おそらくは、大都市圏の国立大学が定員を削減する割合などを参考にしながら学生定員などを調整することになるだろう。

　18歳人口の減少の影響をより強く受けるのは地方の大学だろう。2017（平成29）年の18歳人口を基準として2040（令和22）年の18歳人口がどの程度の割合となっているかを縦軸に、2040（令和22）年の大学入学定員充足率[7]推計を横軸に都道府県ごとの状況を示したのが図23である。このデータは前

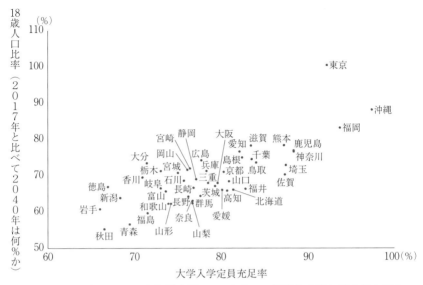

図23　2040年における各都道府県の18歳人口の推移と大学入学定員充足率

出典：中央教育審議会の資料をもとに筆者作成。

　述の中央教育審議会の答申の資料[8]に示されたもので、一定の仮定を置いて計算されたものである。

　18歳人口については、2017（平成29）年よりも増加すると考えられるのは東京都だけで、80％以上となっているのも沖縄県と福岡県だけである。ちなみに全国平均は73.6％となっている。

　一方、60％を切っているのが福島県、青森県、秋田県で、下位には東日本の県が並んでいる。最も低い秋田県は55.2％、23年間で18歳人口が半分近くも減る推計となっている。

　大学入学定員充足率については、すべての都道府県で100％未満、すなわち、どの都道府県でも大学の定員は全体として削減しなければならないこととなると推計結果で明らかになっている。

　最も充足率が高いのは沖縄県の97.3％、次いで福岡県、東京都と続く。この3都県だけが90％を上回っている。全国平均は83.9％、これを上回っているのは、鹿児島県、神奈川県、埼玉県、佐賀県、熊本県、鳥取県となってい

表 22　18 歳人口の推移と大学入学定員充足率（都道府県ごとの分類）

充足率＼18 歳	60%-70%	70%-80%	80%-90%	90%-
50%-60%	青森県、秋田県	福島県		
60%-70%	岩手県、新潟県、徳島県	山形県、茨城県、群馬県、富山県、石川県、山梨県、長野県、岐阜県、静岡県、三重県、大阪府、奈良県、和歌山県、香川県、長崎県	北海道、福井県、山口県、愛媛県、高知県	
70%-80%		宮城県、栃木県、兵庫県、岡山県、広島県、大分県、宮崎県	千葉県、埼玉県、神奈川県、愛知県、滋賀県、京都府、鳥取県、島根県、佐賀県、熊本県、鹿児島県	
80%-				東京都、福岡県、沖縄県

出典：中央教育審議会の資料をもとに筆者作成。

る。上位は首都圏や九州などの西日本の都県となっている。

　一方で最も充足率が低いのが岩手県の 66%、現在の定員の 3 分の 1 強が欠員となる推計となっている。このほか、秋田県、徳島県、新潟県、青森県が 70% 以下で、大都市部以外の東日本などで低くなっている。

　両者のデータから 47 都道府県を分類すると、表 22 のようになる。

　18 歳人口比率が 80% 以上、定員充足率が 90% 以上となっているのが、東京都、福岡県、沖縄県の 3 都県だけとなっている。全般的には、大都市部よりも地方が低いが、九州や山陰地方はその中でも比較的高くなっている。地方の中では、特に東北地方で 18 歳人口の減少幅が大きく、また、大学の入学定員の充足率が低くなり、大学の経営に大きな影響を及ぼすことが考えられる。

4 大学としての公立大学の行く末

前章でも触れたように、私立大学の公立化に向けた動きは各地で起きている。2020（令和2）年度に94ある公立大学は、公立短大からの昇格や新設が予定されているものの他、公立化が検討されているケースがすべて実現した場合には100校の大台となる。

大部分が小規模な大学ではあるが、学生数も全体の5％を超え、一定の存在感を示しているのが公立大学の現在の姿である。大学数では国立大学を凌ぎ、地方では私立大学と同様か、あるいはそれ以上に地域社会に対する貢献を行っていると評価することもできるだろう。

中央教育審議会の資料では、都道府県ごとに、かつ、国立、公立、私立ごとにも充足率を算出している[9]。公立大学を持つ43都道府県について公立大学の充足率をみると、最も高いのが熊本県の96.3％、沖縄県、福岡県、神奈川県、鳥取県の順でこれら5県が90％を超えている。最も低いのが秋田県の67.6％、次いで新潟県、和歌山県、福島県となっている。

全般的に、公立大学の充足率は高く、32道府県でそれぞれの都道府県平均を上回っている。一方、私立大学ではすでに定員割れを起こしているところも少なくなく、平均を上回っているのは11都府県にとどまっている。

充足率に関しては、大都市圏ではむしろ私立大学のほうが定員をかなり上回って入学させているケースもあるため公立大学の方が低く、たとえば、東京都では公立が89.7％に対して私立が92.3％、大阪府では公立が78.6％に対して私立が80.0％となっている。

地方では大都市圏よりも定員割れを起こしている私立大学が多くみられるため、私立大学のほうが10ポイント前後低いところがある。最大では山梨県で公立が89.1％、私立が69.5％と19.6ポイント低くなっている。

すなわち、大都市圏では私立大学や国立大学との学生の「奪い合い」という状況がこれまで以上に強まると考えられる。一方、地方では私立大学の定員割れがすでに顕在化している中で、公立化を求める私立大学の要望がこれ

まで以上に強まっていくことが考えられる。

　もちろん、私立大学に比べて相対的に所得の高くない家庭から多くの学生を受け入れてきた実績が公立大学にはあり、また、近年では国立大学の家庭の経済水準が私立大学の家庭と同程度か場合によってはそれを超えるような状況にもなっている中で、高等教育におけるセーフティネットとしての公立大学の役割はますます高まっており、地域社会の合意が得られれば、私立大学の公立化も一定程度は進むのではないかと考えられる。

5　地方自治体の関係機関としての公立大学の行く末

　公立大学法人化されている公立大学はもちろんのこと、直営であっても地方自治体と一定程度離れた組織として公立大学は認知されていると考えられる。すなわち、公立大学は大学という組織の一形態であるとともに、公立病院や公立図書館などと同様に地方自治体の関係機関[10]として、地方自治体当局や住民から認知されていると考えられる。

　公立病院についても、公立大学同様、地方独立行政法人による運営も可能となっている。厚生労働省の医療施設動態調査によれば、2020（令和2）年12月末現在、109の地方独立行政法人が運営する病院があり、今後も数が増えることが見込まれる。また、公立病院の分野でも大学などと同様、公設民営によって一般財団法人などが運営するケースもある[11]。

　公立図書館などでは指定管理者制度を活用するケースも増えている。これは、住民の福祉を増進する目的をもってその利用に供するための施設である公の施設について、民間事業者等が有するノウハウを活用することにより、住民サービスの質の向上を図っていくものである。これにより、施設の設置の目的を効果的に達成するために2003（平成15）年9月に導入された制度である。

　図書関連の企業が指定管理者となることが多く、日本図書館協会の調査[12]によれば、2018（平成30）年度までに都道府県で7館（6都道府県）、市区町村で582館（250市区町村）において導入されている。今後も導入が一定程度

166

進む[13]と考えられるが、指定管理者から直営に戻した館も 17 ある。

指定管理者制度は、施設の所有は地方自治体のままではあるものの、その管理運営の形態に関しては、公設民営大学に類似する点も少なからずある。

一方、2020（令和 2）年時点の 94 公立大学のうち、公立大学法人によって運営されているのが 82 校、直営が 12 校となっている。

公立大学を公立病院や公立図書館と同列に比較することについては異論もあるだろうが、ここではそれぞれの機関が住民にとって一定程度親しみを持つものであり、また、行政改革の俎上に上がることも少なくないことから、あえて、三者を比較することを通じて地方自治体の関係機関としての公立大学の行く末を考えてみる。

まず、直営の割合について比較したのが表 23 である。すでに述べてきたように、公立大学では直営は少数派であるが、公立病院と公立図書館について

表23　3機関の直営状況

	数	うち直営	直営割合
公立大学	94	12	12.8%
公立病院	918	809	88.1%
公立図書館	3,284	2,695	82.1%

注：公立大学と公立病院は 2020 年のデータであり、公立図書館は 2019 年のデータである。
　　直営公立図書館数は公立図書館数から 2018 年度までに指定管理者制度を導入した 589 館を単純に差し引いたものである。
出典：筆者作成。

表24　3機関の特徴

対象機関	施設の所有権	管理運営者の交代	地方自治体からの財政支援	所管	サービスの対象者
公立大学（公立大学法人）	公立大学法人	原則×	△	首長部局	全国
公立病院（地方独立行政法人）	地方独立行政法人	原則×	△	首長部局	原則域内
公立図書館（指定管理者）	地方自治体	○	○	原則教育委員会	原則域内

出典：筆者作成。

は大部分が直営となっている。大学の場合、国立大学がすべて国立大学法人化したことによって、公立大学もそれに倣ったところが多かったと考えられる。

次に直営ではないケースについて比較を行ったのが表 24 である。

施設の所有権については、公立大学法人、地方独立行政法人とも地方自治体から独立した法人であるため、それぞれの法人が有することになるが、図書館は公の施設であり、指定管理者にはあくまでも管理運営のみが委ねられているため、地方自治体となっている。

また、公立大学、公立病院とも法人の統合によって変わることはあり得るものの、原則として管理運営者の交代は想定されていない。一方、指定管理者については指定管理の期間が定められていて、その都度、新たに選定することとなっているため交代は想定されている。実際、交代あるいは再直営というケースもみられる。

地方自治体の財政支援については、授業料等で大半の経常経費が賄われている公立大学も一部あるが、多くの一般財源を地方自治体から投入しているところもあり、状況は大学によってまちまちである。この点は公立病院も同様であり、黒字経営となっているところもあるが、大半は赤字経営に苦しんでいる。公立図書館については、図書館法により料金制を採っていないこともあり、基本的には地方自治体からの指定管理料によってまかなわれている。

地方自治体の所管については、公立大学、公立病院とも首長部局となるが、公立図書館については、原則教育委員会[14]となっている。

このように、公立大学法人も地方独立行政法人の一形態のため、公立大学と公立病院の相違点は少ないが、サービスの対象者については大きく異なる。公立病院と公立図書館については原則域内となっているが、公立大学は大学という機関の性格ゆえに、全国各地となっている。

地方自治体は、国や他の地方自治体、あるいは同じ地方自治体内の様々な機関での取組みを参照して、組織の改革などにつなげるケースが少なくない。これがいわゆる改革派首長ならなおさらのことであり、民間における取組みも積極的に取り入れることが 1990 年代以降増えている。

公立病院や公立図書館の様々な取組みは、必ずしも公立大学に比べて先進的とまではいえないが、公立病院の統廃合や民間移譲などは一部で行われて

いる。また、国立大学でも様々な動きがここ数年顕在化してきた。このような状況を踏まえ、今後、公立大学がどのようになっていくのかについて、次に幾つかのシナリオを示すこととする。

6　幾つかのシナリオ

　10年後、あるいは20年後の公立大学はどのようになっているだろうか。もちろん、10年前、あるいは20年前に公立大学がこれだけ増えていると予想した人は必ずしも多くはないだろうし、今後、我が国や地域社会を取り巻く環境も大きく変化することが考えられるため、正確な予測というのはそもそも無理な話ではある。

　ここでは、本書でこれまで様々な角度から公立大学の歴史や現状、取り巻く状況の変化、そして今後の18歳人口の減少傾向などについて論じてきた点を踏まえ、近年の大学改革の動向なども視野に入れながら、幾つかの考えられるシナリオを描いてみる。

　どのシナリオにも一定の仮定があり、また、現実にそのように進むという確信があるわけではないが、概ね2040年前後を目途として考えてみることとする。

①公立大学の数が大幅に増加

　公立大学の数は、現在公立化が検討されているところが公立大学に変わると100を超えることは間違いない。一方、18歳人口は2040年頃には現在よりも20％以上減少する。大学進学率も大幅に高まる可能性はさほどない。そのような状況の中で、これまで以上に私立大学は公立化を求めることが考えられる。地方の私立大学だけでなく、大都市部やその周辺の私立大学でも同様の声が上がるようになり、私立大学の公立化は全国的な動きとなる。

　高等教育の無償化は所得の低い世帯だけにしか広がらず、依然として公立大学の安い学費は私立大学が公立化を求めるインセンティブとなってい

る。旭川大学などもともと公設民営大学でない私立大学の公立化が実現したことによって、要望の声は強まり、首都圏の中規模市でも公立化が行われたことによって、全国各地で公立化が進み、2040 年頃には公立大学の数は 200 校余りで学生数も全体の 15％を超えるようになる……。

②公立大学の数は微増にとどまる

　私立大学の公立化の動きは全国各地で高まるものの、地方財政の悪化によって、公立化を断念する地方自治体が増えていく。首長が公立化に関する議案を提案しても、財政悪化を懸念する議会が否決し、公立化は進まなくなる。市によっては、住民投票が実施され、住民サービスの低下を懸念する声が強く、公立化は相次いで否決される。

　また、公立大学が増えることで地方交付税の負担が増加することを懸念した総務省が、文部科学省などと協議の上で、一定以上の良好な財政状況にある地方自治体だけが公立化を進めることができるような指針を定め、2030 年以降は実質的に公立化が不可能となり、2040 年頃の公立大学の数は 100 強にとどまる……。

③公立大学の数は減少する

　高等教育の無償化が低所得層から中間層まで対象になることで、学費が安いという公立大学の魅力が薄れ、これによって私立大学の経営も好転し、公立化を求める私立大学は皆無に近くなる。

　また、看護系など、専門性を身につける大学や学部は一定程度志願者の確保は維持できるものの、いわゆる文系学部中心の公立大学や私立大学から公立化した公立大学では、志願者が減少し、結果として地方自治体の財政負担が増嵩するところも出てくる。その結果、学校法人に公立大学を移譲したり、大学廃止そのものを決断する地方自治体が地方部で現れ、その結果、公立大学の数は 80 を下回るようになる……[15]。

④地元の国立大学や私立大学との連携強化が進む

　2020（令和 2）年 4 月に東海国立大学機構が発足した。これは名古屋大学

と岐阜大学の運営法人を統合したもので、国立としては初めてのものであり、しかも県境を越えたという意味で、国立大学の新たな再編が始動したとの見方もある。公立大学ではすでに1法人複数大学の例はあるが、今後は、地元の国立大学と公立大学、私立大学が連携を強化し、同一法人による運営が行われることも考えられる。

　一方、文部科学省は、国公私の枠組みを超えて、大学の機能分担や教育研究などの連携を進め、各大学の強みが生かせるような制度として大学等連携推進法人の制度を導入した。これは、授業科目の共同開設や共同学位の促進、研究施設の共同利用などに取り組むものである。すでに単位互換などは多くの大学で取り組んではいるがなかなか利用する学生が少ないなどの課題もあった。コロナ禍にあって、オンライン講義が常態化する中で、授業科目の共同開設などは効率的な大学運営に資するとの期待も大きい。

　大学等連携推進法人の制度を活用する地方の国立、公立、私立大学が増えるにつれて、大学間の連携をさらに強化する動きが活発になり、法人の統合や大学の統合が2030年頃から各地で始まる……。

⑤道州制への移行でほとんどの国立大学が公立化する

　道州制とは、現行の都道府県を大括りの道や州に再編するという構想であり、その発端は明治時代の議論にまで遡ることができる[16]。2040年頃には都道府県の制度が道州制に移行するという可能性もないわけではない。もともとは自由民主党も旧民主党も導入を強く主張してきた。現時点で最も導入に積極的なのは日本維新の会である。

　道州がどのような役割を果たすべきなのか、様々な意見があるが、高等教育、すなわち、大学について道州が大きな役割を担うべきという案も少なくない。この場合、大部分の国立大学はアメリカの州立大学のように、道州が管理運営を行うということが考えられる。東京大学や京都大学など一部の大学を除いて公立へ移管ということになれば、公立大学の数は200近くとなる。

　一方、大学運営の観点からは道州内の公立大学については、同一の法人で運営するということは、効率性を高めるという観点からは十分考えられ

る。この結果、たとえば東北州立大学山形校、盛岡校といったように、現在の地方国立大学や公立大学が分校といった形となり、アメリカの UCLA（カリフォルニア州立大学ロサンゼルス校）などと同じような組織形態が採用されることも考えられる。このようにして、公立大学は全大学生の 30％近くを収容し、一方、数については州立が 10 前後、その他一部の市立大学が存置されて 30 から 40 前後となる……。

7　シナリオの評価

　次にこれらのシナリオの評価を行う。①については、公立化を望む私立大学が増えることは十分考えられるが、地方財政の状況が今後好転する可能性は高くはないと考えられ、また、少子高齢化がさらに進行し、地方自治体の高齢者層に対する財政需要が増嵩せざるを得ない状況の中で、公費を投入し続けなければいけないという公立化に舵を切る地方自治体はさほど多くないと考えられる。このため、①の可能性はかなり低くなるだろう。

　②は、可能性としては大いにあると考えられる。国が公立大学の総量規制といった規制緩和の流れと相反するような取組みを行うことはあまり考えにくいが、地方財政の今後の展望を踏まえれば、2000 年代初頭における私立大学の公立化の流れが続くとは考えにくい。

　③は、高等教育の無償化の進展いかんにかかっているが、他方で、志願者が減った公立大学の運営を引き受ける学校法人がどれだけあるか、あるいは、公立大学を廃止することに対して、地元住民や地元経済界、議会などが大反対することも予想されるため、このシナリオに関してもあまり可能性は高くないと考えられる。

　④は、①から③までのシナリオと並行して生じうると考えられる。大学に限らず、また、官民問わず、他の組織と様々な形で連携して生き残りを模索するのが、人口減少時代のスタンダードな行動規範となってきている。コラボしなければ既存組織は生き残れなくなってきているのである。すでにコンソーシアムという形など、国立、公立、私立大学の連携は始まっているが、よ

り実質的なメリットとして授業科目の共同開設など大きなものがあると考えられる。

　一方、これが教員のリストラにつながりかねない[17]と懸念する教職員や組合などの抵抗も予想される。さらには、法人や大学の統合につながりかねないという警戒感もあって、一部の大学では導入がされることはあっても、全国各地ですんなりと進んでいくかは不透明である。

　⑤については、道州制に移行するかにかかっている。2006（平成18）年2月に第28次地方制度調査会が「道州制のあり方に関する答申」を内閣総理大臣に提出し、道州制の議論が活発化したものの、現在では必ずしも大きな政治課題としては認識されていない。一方、大阪都構想や道州制の導入を強く主張する日本維新の会が将来政権に加わると、道州制導入に弾みがつくとの見方をする人も少なくない。

　しかし、東京都にもいえることであるが、都という制度があることは実は道州制導入のネックとなりかねない。基本的に道州制は道州と市区町村（基礎自治体）という二層制の構造が考えられている[18]。この場合、たとえば関東州となった場合、横浜市やさいたま市は存置される一方で、東京都や神奈川県など、都道府県は廃止されると考えられる。特別区の扱いをどうするか、さらには州都をどうするか（人口の1番多い横浜市とするのか、千代田区なのか）などの対処で大議論になると考えられる。東京の扱いをどうするのかは、やっかいな問題[19]なのである。

　さらには、関西の場合、関西州が誕生した場合、大阪府（都）もなくなるため、完全に大阪という名称を持つ地方自治体は消滅することになるが[20]、この点についてコンセンサスが取れるかというとはなはだ疑問ではある。むしろ大阪市という大都市を残しておくことで、道州制になっても大阪の冠をつけた地方自治体は存置し、神戸市や京都市ではなく、大阪市が関西州の州都となることは間違いないだろう。いずれにしても、2度目の住民投票も否決され、大阪都構想は完全にとん挫したと考える人も少なくない中で、道州制導入のハードルはさらに高まったのが現状であるといえるだろう。

　道州制が仮に実現した場合には、高等教育のグランドデザインについては国が所管するものの、その執行の多くは道州に委ねられ、現行の国立大学の

多くが公立化（州立大学化）する可能性は極めて高いと考えられる。

8　公立大学の進むべき道

　これらのシナリオのどれが実現しようとも、あるいはこれらのシナリオ以外のストーリー[21]となろうとも、18歳人口が大幅に減少する中で、公立大学のあり方も大きく問われることは間違いない。

　公立大学は国立大学や私立大学同様、学問の自由と大学の自治を大学という枠組みの中で享受し、また担っていく存在である。一方、公立であるがゆえに、地方自治の世界に組み込まれている。すなわち、国とは異なる地方自治体に委ねられているという団体自治と住民の意思に委ねられているという住民自治からなる地方自治の中で、地方自治体や住民の意思と無関係ではいられない存在であるということを大学の執行部だけでなく、教職員一人ひとりも改めて認識する必要がある。

　この点について、東京都立大学総長及び公立大学協会会長を務めた沼田稲次郎は以下のように述べている[22]。

　　　公立大学ももちろん、高等教育への機会均等の実現に寄与し、地域社会に根をおろした学術の中心たるべき趣旨で設置されている点では、各県の国立大学と同様だといってよい。しかし、公立大学は教育行政における地方分権の原理及び地方自治の精神との関係において国立大学とは決定的に異なると言うも過言ではあるまい。（中略）自治体したがって地域住民が自分の手で——一定の負担をあえて背負って——設置した大学であるという公立大学の基本的性格は、その大学の教員集団はもとより、職員集団にも学生集団にも、大学の使命とともに地方自治の精神について自覚し、その真価を自主的に発揮することを要請するものである。

　もちろん、国立大学や私立大学であっても、社会貢献が求められ、また、実際の取組みでは公立大学と比べても遜色がなかったり、むしろ公立大学を凌

ぐ存在感を示しているところも少なくない。

　もし、国立大学と私立大学の狭間にあって、双方のいいとこどり、のようなぬるま湯的体質を維持し続けようとするならば、公立大学の未来は明るくはないだろう。

　公立大学といっても千差万別である。看護系単科大学のようにミッションが明確で限定されているところもあれば、大都市圏の総合公立大学のように、旧帝大や有名私立大学と伍して競争するところもある。

　しかしながら、どのような公立大学であっても、設立主体が国でも学校法人でもなく、都道府県や市町村といった地方自治体であることには変わりはない。設立主体の地方自治体という地域を起点に、周辺の地方自治体、そして全国、さらには世界各国へと射程を広げつつ、教育、研究、社会貢献の面で存在感を示していかなければ、地方自治体とその住民の理解を得ることは困難となってくるだろう。

　その一方で、地方自治体や住民も、公立大学に対して過度な地域貢献を求めることなどは避けるべきである。大学の良さは一定の自由度が保たれてこそ、教育、研究、そして社会貢献の面で力が発揮できるものであり、また、そうであると信じたいものである。

　静岡県では2020（令和2）年に静岡県立農林環境専門職大学が、2021（令和3）年には静岡社会健康医学大学院大学が相次いで開学している。兵庫県でも2021（令和3）年に芸術文化観光専門職大学が開学し、新潟県三条市ではものづくりの街の担い手育成を主眼とした三条市立大学が開学している。今後はこれらのような、地域産業の振興や地域課題の解決につながる人材育成を中心とする比較的小規模な大学や大学院大学が各地で検討されていくことも考えられる[23]。

　このほか、2022（令和4）年には大阪府立大学と大阪市立大学が統合されて大阪公立大学となることで1校減るとともに、川崎市立看護短期大学が4年制に昇格する見込みとなっている。また、2024（令和6）年には山形県が東北農林専門職大学（仮称）を開設することを目指している。

　どのようなシナリオが進行しようとも、公立大学の進むべき道は公立大学だけで決められるものではない。地方自治体や住民との前向きな議論の場を

もつことがどの公立大学であっても、今後ますます求められていくだろう[24]。地方自治に対する説明責任も果たしつつ、大学としての使命も果たすということが求められている公立大学は、まさに大学の自治と地方自治という2つの自治が交差する中でその存在意義[25]が常に問われ続ける存在なのである。

注

1) 中央教育審議会「2040年に向けた高等教育のグランドデザイン（答申）参考資料集」2018年、3頁。
https://www.mext.go.jp/component/b_menu/shingi/toushin/__icsFiles/afieldfile/2018/12/17/1411360_10_1_1.pdf（2020年10月17日最終閲覧）
2) コロナ禍の影響もあって、2020年の出生数は約84万人となっている。
3) 中央教育審議会、2018年、3頁。
4) 実際、2011（平成23）年度から2014（平成26）年度まで新潟大学の評議員（副学部長、学部長）を務めていた中で、大学全体の会議でこのような危機感を示す資料はあまり見た覚えはない。
5) 学生数の多くを留学生によって何とか確保している地方の私立大学も少なからずある。コロナ禍で留学生の入国が制限されている中で、相次ぐ撤退となることも懸念されている。
6) 公立大学の中では大規模のものが多い。
7) 定員充足率について、第6章では文部科学省のHPで表記されていた倍率で示しているが、ここでは原出典である中央教育審議会の資料が％表記であったことを踏まえて、倍率ではなく％表記としている。
8) 中央教育審議会、2018年、45頁。
9) これは2017（平成29）年の国立、公立、私立の定員と実入学者との割合を基に機械的に試算したもので、2018（平成30）年以降に開学した大学は考慮されていない。
10) 公立大学法人化している公立大学だけでなく、地方自治体の直営として形の上では内部組織となっている公立大学も含めている。
11) たとえば、新潟県魚沼市にある新潟県地域医療推進機構魚沼基幹病院（略称：魚沼基幹病院）は新潟県が設置し、一般財団法人新潟県地域医療推進機構が管理運営を行っている。
12) 日本図書館協会図書館政策企画委員会「図書館における指定管理者制度の導入等の調査について2019（報告）」、2020年
http://www.jla.or.jp/Portals/0/data/iinkai/seisakukikaku/shiteikanri2019.pdf

（2020 年 10 月 18 日最終閲覧）

13）同上の調査では、2019（令和元）年度に 31 館で指定管理者制度の導入が予定されるとしている。

14）これまでは図書館や公民館などの所管は教育委員会だったが、2019（令和元）年の法改正によって、地方自治体の判断によって首長部局への移管が可能となった。

15）同様の見立てをしているものとして、小川洋『地方大学再生　生き残る大学の条件』朝日新聞出版、2019 年、225 頁がある。そこでは以下のように記されている。

　　　　受験生と自治体の双方からの支持を失った公立大学は、近隣の国公立大学や経営の安定している地方私大に吸収されるか、閉校に追い込まれざるをえない。

16）田村秀『道州制・連邦制―これまでの議論・これからの展望』ぎょうせい、2004 年、3 頁。

17）リストラにつながらないまでも、たとえば A 国立大学の憲法担当の教員が、これまで近隣の B 公立大学や C 私立大学の憲法の非常勤講師として務めていたものが、職務に内在化され、結果として非常勤講師としての報酬を得られなくなるという可能性もある。

18）もちろん、欧米の一部の国のように 3 層制（道州―県―市町村）の構造を採る道州制も考えられるが、効率性の観点や屋上屋を架すという批判などから導入の可能性は低いと思われる。

19）田村秀『道州制で日本はこう変わる―都道府県がなくなる日』扶桑社、2013 年、108 頁。

20）もちろん、東大阪市や大阪狭山市が存続すれば、大阪という地名は残り、また、特別区の名称を今後大阪中央区としても残るが、大阪を代表するというものではない。

21）2020（令和 2）年末に国は地方創生に資するという要件のもと、2022（令和 4）年度から地方国立大学の定員増を認めることとした。これは地方における国立大学と公立大学の新たな火種となることも考えられる。朝日新聞 2021 年 1 月 13 日「地方国立大の定員増、22 年度にも認可へ　文科省方針」
https://www.asahi.com/articles/ASP1F66HRP1FUTIL013.html（2021 年 1 月 30 日最終閲覧）
　なお、2021（令和 3）年 5 月 25 日にオンラインで開催された（一般社団法人）公立大学協会主催の「令和 3 年度　第 1 回学長研修会（第 1 部　国立大学の定員

増と地方大学の将来像)」の質疑の中で、ある発言者が、地方国立大学について「国営公立大学」と呼んでいた。

22) 沼田稲次郎「公立大学とは何か」内田積吉・佐野豊共編『公立大学―その現状と展望』日本評論社、1983 年、24 頁。

23) この中でも、短期大学の制度化（それまでは暫定的制度だったのが恒常的制度として法定化）以来 55 年ぶりの新しいタイプの大学として 2019（令和元）年度に誕生した専門職大学は、特定の職業のプロフェッショナルになるために必要な知識・理論、そして実践的なスキルの両方を身に付けることのできる大学である。今後も地域社会に必要な分野の人材育成のために既存の大学校（例：農業大学校、職業能力開発短期大学校）などを発展させて専門職大学の設置を検討する地方自治体が出てくるのではないかと考えられる。

24) 天野郁夫『大学改革の社会学』玉川大学出版部、2006 年、259 頁では以下のように記している。

> 　公立大学のあり方の問い直しが、外部の諸力に押される形ではじまったことは、繰り返し指摘してきたとおりである。重要なのはその外部からの問題提起に、公立大学自身がどう応えていくかである。公立大学はそれを、「見えない」大学から「見える」大学へと変身を遂げ、地域社会のなかで、また地域住民にとって存在感を高めていく好機と捉えるべきではないのか。また地方自治体は、その公立大学を真に地域住民のための大学とするために、積極的に努力し協力すべきではないのか。

25) 公立大学の存在意義の一つとして考えられるものに、いわゆる「分厚い中間層」の人材育成ということがある。社会保障改革に関する有識者検討会報告（2010年 12 月）において、「活力ある中間所得層の再生」として「ふつうに努力すれば、誰もが家族をつくり、生活できる社会を取り戻すべきである。これまでの日本で、分厚い中間所得層の存在こそが、安定した成長と活力の源であった。社会保障の機能強化によって、中間層の疲弊に対処し、その活力を再生できれば、それは自ずと経済成長と財政の安定につながる。」と指摘している。厚生労働省「平成 24年版労働経済の分析　―分厚い中間層の復活に向けた課題―」、2012 年、109 頁。https://www.mhlw.go.jp/wp/hakusyo/roudou/12/dl/02.pdf（2021 年 6 月 8 日最終閲覧）
　格差の一層の拡大が懸念される中で、中間層のリーダー的な人材を数多く輩出するということを公立大学（すべての公立大学ではないにしても）のミッションに加えてはどうだろうか。

おわりに

公立大学について調べてみると、改めて、国公立と一括りで語ることができないくらい、それぞれの個性が光り輝く存在であり、国立に準ずるという表現が適切ではないことが明らかとなった。

公立大学の歴史はすでに1世紀を経過している。それにもかかわらず、行政学や公共政策はもちろんのこと、教育学の世界でも研究対象として必ずしも大きな注目を集めていなかったのは、量的な面で国立や私立に比べて少なかっただけでなく、その存在が多くの研究者からはやはり国立に準ずると考えられていたからなのだろう。

規模の面でも、教育内容の面でも公立大学は多種多様な存在である。また、域内出身が大多数を占める公立大学もあれば、国立大学や私立大学以上に域外出身の大学生が多いところもある。経済的に豊かではない家庭の高校生にとって、いまや公立大学はセーフティネットとしての役割をしっかりと担っていることが改めて本研究で明らかとなった。

その一方で、戦後の国立移管に始まり、公立大学の設置抑制や抑制の緩和、さらには看護系大学の新設と公立大学は様々な国策に翻弄される中で現在に至っている。

地方自治体が設置する大学として、地方自治体、特に首長の政策が公立大学に影響を及ぼし、また、時として対立が生じることも少なくない。大学の統合や改組、法人化を巡って大学当局と地方自治体との間に確執が生じることもまた、地方自治の世界の一端を担っていることの証左ともいえるだろう。

私立大学の公立化は今後どの程度進むかは不透明であるが、18歳人口が大幅に減少することが確実となっている中で、公立大学の進むべき道も同様に不透明のようにみえる。

だが、公立大学も大学である以上、迷走とも称される大学改革の真っ只中にいて、今後ともその生き残りをかけた取組みに、好むと好まざるとにかか

180

わらず邁進せざるを得ないだろう。

　本書によって、公立大学が国立大学とも私立大学とも異なる、独自の存在として、教育、研究、そして社会貢献に邁進することが期待されていることが様々な角度から一定程度示すことができたのではないかと考えている。

　本研究では、公立大学について網羅的に論じたところではあるが、残された課題も少なくない。具体的には、公立大学における教員の研究分野、公立大学法人の事務局体制や理事長、学長の人選などトップマネジメントのあり方、さらにはステークホルダーの一つとしての教職員（組合）の役割などに関しては、ここでは触れることができなかった。また、取り上げたテーマについても、どちらかといえば概括的に俯瞰した印象は否めない。おそらくは、アメリカなど欧米の公立大学との比較研究からも我が国の公立大学に対して様々な知見が得られるものと思われるが、それは今後の研究課題としたい。

　いずれにしても、本書は、今後、公立大学研究が進展するための小さな一里塚とならんとすることを志向して、できるだけ幅広い観点から公立大学の現状と未来の課題を明らかにしたものである。特に、行政学や公共政策の分野において、公立大学研究が深化することを強く願う次第である。

　国立大学に17年勤務し、公立大学勤務は今年で4年目となる。2006年に博士論文を刊行した後は、自分の研究成果をできるだけ多くの人に読んでもらおうという思いが強くなり、もっぱら新書の刊行に注力してきた。結果として、メディアへの露出は増えていったが、薄っぺらで表面的な考察を繰り返し量産していただけだった。正直、「色物」的な教員になってしまっている自分に対して、時折嫌悪感を抱くようになってしまっていたのである。

　大学に対しても、大小様々な不満を長年抱き続けてきた。新潟時代は「ひよこ」という、そして長野では「四季」という行きつけの居酒屋で酒の力に頼って憂さ晴らしをすることで気を紛らしてきたが、コロナ禍でそれもままならなくなってしまった。

　そんな中で、自分が大学教員に転身した理由を改めて自問自答してみたのである。それは時間にとらわれることなく、自分が研究したいと思うテーマを思いきり極めるということだった。

　ピンチはチャンスとはよくいったものである。まさに、いまが研究を進め

る好機であると考えた際に思い浮かんだのが大学、それも自分が所属する公立大学についてである。不平や不満を愚痴っても何の解決にもならない。むしろ、その対象である大学自身を俯瞰的に研究対象とすることのほうがはるかに生産的であり、かつ、精神衛生上良いことである。

　コロナ禍でフィールドワークもままならず在宅の時間が有り余る中で、公立大学という存在を徹底的に調べてみようと思い立って様々な文献を調べ出したのが 2020 年のゴールデンウィークだった。約 1 年かけて研究を進める中で、公立大学は国立大学とも私立大学とも違う存在感と使命を有していることが改めて明らかになったと考えている。

　本書の出版に際しては玉川大学出版部の吉良宏三、林志保氏に大変お世話になった。記して感謝の意を表したい。

索　引

■著者

田村 秀（たむら しげる）

1962年10月2日生まれ、北海道・苫小牧市出身。
東京大学工学部都市工学科卒業後旧自治省（現在の総務省）に入り、その後、岐阜県、国土庁、香川県、三重県で勤務したのち、2001年から新潟大学で教鞭を執り、2005年国際基督教大学博士（学術）、2013年に新潟大学法学部長。2018年より長野県立大学教授。専門は行政学、地方自治、公共政策。主な著書に『地方都市の持続可能性』（筑摩書房、2018年）、『暴走する地方自治』（筑摩書房、2012年）、『データの罠 世論はこうしてつくられる』（集英社、2006年）、『自治体ナンバー2の役割』（第一法規、2006年）、『道州制・連邦制』（ぎょうせい、2004年）。

こうりつだいがく　かこ　げんざい　みらい
公立大学の過去・現在そして未来
持続可能な将来への展望

2021年9月30日　初版第1刷発行

著　者 ———— 田村　秀
発行者 ———— 小原芳明
発行所 ———— 玉川大学出版部
　　　　　　〒194-8610　東京都町田市玉川学園 6-1-1
　　　　　　TEL 042-739-8935　FAX 042-739-8940
　　　　　　http://www.tamagawa.jp/up/
　　　　　　振替　00180-7-26665
装丁 ———— 松田洋一
印刷・製本 ———— モリモト印刷株式会社

乱丁・落丁本はお取り替えいたします。
© Shigeru Tamura 2021　Printed in Japan
ISBN978-4-472-40603-4 C0037 / NDC377